Kleines Lexikon der ätherischen Öle

Inge Andres

KLEINES LEXIKON DER ÄTHERISCHEN ÖLE

FALKEN
TaschenBuch

Zu diesem Thema ist im FALKEN Verlag außerdem erschienen:
Aromatherapie (Nr. 1131)
Bitte fragen Sie in Ihrer Buchhandlung.

Der Text dieses Buches entspricht den Regeln der neuen deutschen Rechtschreibung.

Dieses Buch wurde auf chlorfrei gebleichtem
und säurefreiem Papier gedruckt.

Originalausgabe
ISBN 3 635 60343 0

Umschlaggestaltung: Rincón² Design & Produktion, Köln
Gestaltung: Beate Müller-Behrens
Redaktion: Andrea Kuron, Hamburg/Sabine Weeke
Herstellung: Beate Müller-Behrens
Titelbild: Susa Kleeberg, Wiesbaden/FALKEN
Satz: DM-SERVICE Mahncke & Pollmeier oHG, Rodgau
Druck: Wiesbadener Graphische Betriebe GmbH, Wiesbaden

817 2635 4453 6271

Inhalt

Vorwort

Mit diesem kleinen Lexikon möchte ich Ihnen die bewusste Auswahl und Anwendung von ätherischen Ölen erleichtern. Dieses Taschenbuch wendet sich an Laien, die eine schnelle und kompetente Orientierung suchen, aber auch an fortgeschrittene Aromakundige, die ihre Kenntnisse auffrischen und erweitern möchten. Es ist außerdem eine wertvolle Hilfe für die gezielte Beratung mit ätherischen Ölen in Kursen, Fachgeschäften und Praxen.

Düfte sind eine faszinierende Leidenschaft! Sie zaubern ein sinnliches Vergnügen und schaffen gleichzeitig sehr positive Wirkungen für unser Wohlbefinden und unsere Lebensqualität. Sie repräsentieren die „gesunde Lust" bzw. die „lustvolle Gesundheit" – welch besonders schöne Verbindung! Nach der Definition der Weltgesundheitsorganisation (WHO) bezeichnet Gesundheit einen „Zustand des völligen körperlichen, seelischen und sozialen Wohlbefindens". Dieser Idealzustand ist ganzheitlich ausgerichtet. Er weist auf ein anspruchsvolles und gleichzeitig individuelles Ziel hin, das wir einmal mehr oder weniger erreichen.

Ätherische Öle verkörpern äußerst wirksame Pflanzenkräfte, sowohl für unsere körperliche als auch für unsere seelisch-geistige Befindlichkeit. Sie eröffnen auch eine soziale Komponente, wenn wir feine, natürliche Duftbotschaften ausströmen oder Wohn- und Arbeitsräume harmonisch beduften. Sie unterstützen uns darin, unsere persönliche Balance auf der körperlichen, seelischen und geistigen Ebene (wieder)herzustellen, und dies auf sehr sympathische Art und Weise.

Das Thema ätherische Öle ist ein sehr komplexes Thema, manche meiner Seminarteilnehmerinnen nennen es „eine Wissenschaft für sich". In dieses Thema fließen altes und neues Erfahrungswissen, naturwissenschaftliche Erkenntnisse und ökologisches Handeln mit ein.

Ich arbeite seit 1982 intensiv mit ätherischen Ölen. Am Anfang stand ein landwirtschaftliches Praktikum auf einem französischen Kräuterhof. Aus meinem Wunsch, einerseits die Bergbauern zu unterstützen und andererseits ihre Duft-Schätze auch anderen Menschen zugänglich zu machen, entwickelte sich der Import nach Deutschland, der Aufbau eines (bewusst kleinen) Großhandels, die Gründung eines Instituts, meine publizistische Aktivität … Das Duft-Thema ist mein unendliches und ständig neues Lebensthema.

Ich habe versucht, aus der Vielfalt der Erkenntnisse die zentralen „herauszudestillieren" und wünsche Ihnen viel Freude, Gesundheit und die für Sie stimmigen Dufterfahrungen.

Inge Andres

Der gezielte Umgang mit ätherischen Ölen

Der Einsatz von ätherischen Ölen im privaten Bereich ist eine hochkonzentrierte und spezialisierte Form der Kräuterkunde. Im naturheilkundlichen Rahmen stellt die Aromatherapie eine eigene Richtung innerhalb der Phytotherapie dar und ermöglicht viele Kombinationen mit anderen Therapieformen. Da ätherische Öle hochkonzentrierte Pflanzenkräfte verkörpern und sie unsere Selbstheilungskräfte aktivieren, ist ihre ausgesuchte Qualität von entscheidender Wichtigkeit.

Ich möchte Ihnen in dieser Einführung die zentralen Fachbegriffe vermitteln, die bei den Duftpräsentationen im Kapitel 2 und den Wirkungen im Kapitel 3 gebraucht werden. Sie können dann bereits recht eigenständig arbeiten und realisieren die Vielfalt der Hinweise leicht.

Ein ätherisches Öl ist ein natürlicher Duftstoff, der aus spezifischen Teilen von Aromapflanzen gewonnen wurde. Als PFLANZENTEILE dienen Blüten, Blätter und Nadeln, Früchte und Samen, Hölzer, Rinden und Harze sowie Wurzeln. Jedes Pflanzenteil hat seinen eigenen Charakter. Ein ätherisches Öl, das durch die Destillation von BLÜTEN gewonnen wurde, vermag uns Impulse des „blühenden Lebens" zu vermitteln. Häufig haben Blütendüfte daher eine sehr sinnliche Ausstrahlung. Ätherische Öle, die den BLATTCHARAKTER in sich tragen, regen vor allem unsere Atmung, häufig auch die geistige Arbeit und den Stoffwechsel an. Die Nadeln der Koniferen stellen dabei sehr reduzierte Blattformen dar. In den FRÜCHTEN UND SAMEN ist die Information der Pflanze besonders konzentriert, da sie für ihre Fortpflanzung verantwortlich sind. Die HOLZBILDUNG weist auf einen langfristigen Wärmeprozess hin und übermittelt uns durch die entsprechenden Öle diese Wärmequalität.

Die RINDE dient dem Schutz der Pflanze und HARZE schließen mögliche Wunden. Dementsprechend stellen Harzöle die wertvollsten Mittel zur Wundheilung dar. Ätherische Öle aus WURZELN bringen uns mit den Themen Stabilität und Halt in Verbindung, sowohl körperlich gesehen als auch seelisch-geistig und spirituell.

Die Erscheinung der Pflanzen selbst oder Abbildungen und Fotos von ihnen lassen uns eine Vorstellung von ihrer Persönlichkeit gewinnen. Lassen Sie ihre Bilder auf sich wirken. Sie finden im Kapitel 2 bei jeder Duftpräsentation eine kleine Pflanzenbeschreibung und die Angabe des jeweiligen Pflanzenteils, aus dem der Duft gewonnen wurde.

Weitere wichtige Zugänge zum Wesen und zur Besonderheit einer Pflanze bietet ihr HERKUNFTSLAND. In welchen Regionen dieser Welt wächst sie? Welche klimatischen Bedingungen benötigt sie für ihre Entwicklung? Ist ihre Heimat der Mittelmeerraum oder stammt sie aus tropischen oder subtropischen Gefilden? Aromapflanzen gleichen Sonnenkollektoren, die ihre wertvolle Licht- und Wärmeenergie an uns weitergeben können.

Wichtig ist auch die ART DER GEWINNUNG von natürlichen, pflanzlichen Duftstoffen. Die häufigste Form ist die WASSERDAMPFDESTILLATION. Hierbei entstehen zwei Produkte: das ätherische Öl und das Hydrolat. Im ätherischen Öl finden sich die öllöslichen Wirkstoffe der Pflanze und im Hydrolat die wasserlöslichen. Damit ergänzen sich HYDROLAT und ÄTHERISCHES ÖL optimal. Eine zweite Variante der Gewinnung ist die Kaltpressung (EXPRESSION). Sie wird bei Zitrusschalen angewandt. Das Produkt der Expression wird unter Fachleuten Essenz genannt, um Verwechslungen mit Destillaten zu vermeiden. Eine dritte Variante der Gewinnung wird vor allem bei kostbaren Blütendüften angewandt. Sie sind meist sehr temperatur- und druckempfindlich und eignen sich daher weder für das Verfahren der Destillation noch für das der Expression. Hier wird mit einem Lösungsmittel der Duftstoff extrahiert und das Lösungsmittel danach verdampft. In diesem Zustand heißt das Produkt CONCRÈTE und hat eine pastenartige Konsistenz. In einem zweiten Schritt werden die Wachse herausgelöst. Jetzt liegt ein sogenanntes ABSOLUE vor, ein besonders konzentrierter, etwas dickfüssiger Duftstoff.

Im Folgenden verwende ich den Begriff ätherisches Öl meist im aromatologischen Sinne, aber auch als Sammelbegriff für ätherische Öle, Essenzen und Absolues, um umständliche Aufzählungen zu vermeiden. Die Art der Gewinnung gibt interessante Hinweise für Anwendung, Dosierung und Preis eines Duftstoffes. ZITRUS-ESSENZEN sind recht dünnflüssig, sehr leicht flüchtig und wärme- und sauerstoffempfindlich. Sie werden den Kopfnoten zugeordnet, d.h. sie sind spritzig und leicht. Zitrusöle verfliegen leicht, sie können etwas großzügiger dosiert werden. Sie sind recht preisgünstig, da die Schalen meist zusätzlich zur Saftgewinnung verwertet werden. Die Expression ist ein rein mechanisches Verfahren und Konservierungsstoffe etc. wandern direkt von der Schale in die Essenz. Achten Sie hier ganz besonders auf BIOLOGISCHE QUALITÄTEN. Aber auch bei anderen Herstellungsmethoden ist die biologische Qualität der konventionellen in Duft und Wirksamkeit überlegen.

Biologisch erzeugte ätherische Öle oder solche aus WILDSAMMLUNG sind etwas teurer, da mehr Handarbeit geleistet werden muss. Hier handelt es sich um besonders typische, aussagekräftige Öle, die Sie sparsamer dosieren können. Sie haben so die gewünschte Wirkung und tragen nicht zur Umweltzerstörung bei.

Etwa 80 % der Duftstoffe werden durch die Wasserdampfdestillation gewonnen, sind somit ätherische Öle im aromatologischen Sinne. Sie umfassen sowohl Kopfnoten, Herznoten als auch Basisnoten. Diese Zuordnung bezieht sich vor allem auf die Flüchtigkeit. KOPFNOTEN sind sehr schnell verflogen, HERZNOTEN verweilen einige Stunden und BASISNOTEN zeichnen sich durch eine mehrtägige Haftung aus. Dementsprechend werden Kopfnoten großzügiger dosiert, Herznoten durchschnittlich und Basisnoten sehr dezent. Sie finden die Einteilung zu den jeweiligen Duftniveaus ebenfalls bei jedem „Duft-Steckbrief".
Die DOSIERUNG der Absolues ist im Vergleich zu den Essenzen und den ätherischen Ölen die geringste. Hier hat ein gewaltiger, meist tausendfacher Konzentrationsprozess stattgefunden. Bei den ätherischen Ölen ist die KONZENTRATION sehr unterschiedlich: Sie schwankt z. B. zwischen 3 % beim Eukalyptus und 0,001 % bei der Damaszener Rose. Danach richten sich auch die Preise.
Die Unterteilung in Kopf-, Herz- und Basisnoten hat auch eine symbolische Bedeutung. Kopfnoten wie z. B. Zitrone wirken häufig auf unsere Kopfregion ein, während Herznoten wie insbesonders die Rose Herzensqualitäten ansprechen und Basisnoten wie z. B. Vetiver eine sehr tragende, erdende Funktion haben.
Auch hier spielen die obengeannten Pflanzenteile häufig eine Rolle. In diesem Falle sind es die Zitronenschale, die Rosenblüte und die Vetiverwurzel.
Weitere aussagekräftige Hinweise bieten die Kenntnis der jeweiligen PFLANZENFAMILIE und der BIOCHEMISCHEN ZUSAMMENSETZUNG des ätherischen Öls. Weiterführende Literatur hierzu finden Sie ab Seite 90.
Der erste Zugang zu einem ätherischen Öl, einer Essenz oder einem Absolue ist sicherlich der Duft. Es ist nicht einfach, Düfte zu beschreiben. Während die meisten von uns einen optischen Gegenstand recht bildhaft beschreiben können, ist unser Vokabular für Duftwahrnehmungen häufig eingeschränkt. Um einen ersten Eindruck zu gewinnen, finden Sie bei jeder Duftpräsentation eine kleine Duftbeschreibung, die Sie anhand des realen Duftes am Fläschchen für sich auf Stimmigkeit überprüfen sollten. Nur wenn Ihnen der Duft sympathisch ist, ist es der für Sie richtige! Jede Nase entscheidet für sich selbst. Wir verfügen alle über ein perfektes Instrumentarium durch das Zusammenspiel von Geruchssinn und Gehirn, um eine individuelle und situationsgerechte Auswahl zu treffen. Da jeder Mensch mit Düften unterschiedliche Erinnerungen verbindet und aufgrund seiner Konstitution, seines Temperaments, Alters und oft auch Geschlechts verschiedene Duftbedürfnisse entwickelt, ist die individuelle Duftauswahl über die Nase von zentraler Bedeutung. Ich sehe meine Aufgabe darin, Ihnen dabei eine allgemeine Vorstrukturierung anzubieten. Bitte entscheiden Sie selbst anhand des Textes und des tatsächlichen Dufteindrucks, welches Öl Sie für sich anwenden möchten.

Qualitätskriterien

Die Kriterien, anhand derer Sie Qualitätsöle von durchschnittlicher oder sogar unterdurchschnittlicher Ware unterscheiden können, finden Sie im Folgenden. Aus dem Etikett oder – bei Versand – aus der Produktliste müssen die nachstehenden Angaben ersichtlich sein:

- der deutsche und der lateinische Name aus Gründen der Eindeutigkeit
- das Herkunftsland
- die Angabe des Pflanzenteils
- die biochemische Spezifität, wenn unterschiedliche Chemotypen möglich sind
- die genaue Abfüllmenge
- das Gewinnungsverfahren (Destillation, Expression oder Extraktion)
- die Qualität der Ursprungspflanze (konventioneller Anbau, biologischer Anbau oder Wildsammlung)
- eventuelle Zusätze (prozentual und qualitativ), um zähflüssige Öle anwendungsfreundlicher zu machen
- die Chargennummer zur Identifikation
- die Angabe des Jahrgangs, da es naturbedingte Schwankungen gibt und um die Haltbarkeit und Reife eines Öls einschätzen zu können
- die Herstelleradresse für Rückfragen und eventuelle Haftungen.

Etiketten, die nur die Informationen „Minze“ und „10 ml“ aufweisen können, sind wenig vertrauenserweckend. Leider finden sich auch diese auf dem Markt. Im Umkehrschluss: Je mehr Informationen Sie über ein ätherisches Öl über das Etikett erfahren können, desto besser können Sie vergleichen und desto gezielter können Sie es einsetzen.

Haltbarkeit und Reife

Ätherische Öle sind bei guter Lagerung (dunkel, eher kühl und gut verschlossen) recht lange haltbar.
Die mittlere Haltbarkeit liegt bei 5 Jahren. Basisnoten werden sogar von Jahr zu Jahr schöner, wie ein alter Wein. Auch Lavendelöl sollte die Chance haben, erst einmal für ein Jahr in einer größeren Menge zu ruhen und zu reifen, um sich zu „klären“, bevor es in kleine Fläschchen abgefüllt wird.
Absolues sind ebenfalls viele Jahre haltbar, sie verändern sich sehr wenig, weder im Sinne eines Reifeprozesses noch im Sinne einer Alterung.

Bei den Zitrus-Essenzen und den ätherischen Ölen von Koniferen wie Kiefer etc. spielt die relative Frische eine Rolle. Sie sind im ersten Jahr am schönsten und verlieren ab dem dritten Jahr an Lebendigkeit und Duft. Eine etwas geschulte Nase erkennt leicht, ob ein Öl zu frisch oder zu alt ist.

Hydrolate

Bei jeder Wasserdampfdestillation entsteht parallel zum ätherischen Öl das duftende Hydrolat. Da Hydrolate wasserlöslich sind und sich ätherische Öle nur mit Hilfe eines Emulgators in Wasser auflösen, ist bei jeder wässrigen Anwendung (Duftbad, Gesichts- und Rasierwasser, Eau de Parfum etc.) das Hydrolat am einfachsten zu verwenden und auch leicht zu dosieren. Am beliebtesten sind die Hydrolate von Rose und Neroli, außerdem Hamamelis und Tea-Tree, aber auch Lavendel, Rosmarin, Kamille und Salbei. Fragen Sie in Ihrem Fachgeschäft danach! Häufig schafft die Nachfrage erst das Angebot.

Trägeröle

Ätherische Öle, Absolues und Essenzen lösen sich in fetten Ölen sehr gut. Sie dienen als Trägeröle und ermöglichen, dass wir die hochkonzentrierten Düfte dezent dosieren und gleichzeitig gut verteilen können. Hinzu kommen die wertvollen Inhaltsstoffe der hochwertigen fetten Öle pflanzlicher Herkunft. Empfehlenswert sind vor allem die Öle der süßen Mandel, Haselnuss, Avocado, Makadamianuss und von Weizenkeim, außerdem die ganz besonderen Öle von Nachtkerzensamen und von Borretschsamen. Weitere interessante fette Öle auf dem Markt sind Hanföl, Wildrosenöl, Schwarzkümmelöl etc. Jedes fette Öl hat seine spezifischen Inhaltsstoffe. Bitte informieren Sie sich in einem weiteren Fachbuch oder in Ihrem Fachgeschäft darüber.

Anwendung und Dosierung von ätherischen Ölen und Hydrolaten

Ätherische Öle, Essenzen und Absolues nehmen wir sowohl gasförmig als auch flüssig auf. Es gibt drei Hauptwege. Über die NASE nehmen wir die gasförmigen

Duftmoleküle auf. Von hier aus werden die Impulse ans Gehirn, in die Lunge und in den Blutkreislauf weitergeleitet. Bei HAUTANWENDUNGEN durchschreiten die ätherischen Öle die Hautschichten und gehen in den Blutkreislauf über. Mit dem Blutstrom gelangen sie in jede Körperzelle. Bei Hautanwendungen steht die flüssige Form im Vordergrund, wobei wir parallel immer auch einen Teil der feinen Düfte über die Nase aufnehmen. Bei der Aromatisierung von Speisen und Getränken mit Zitrus-Essenzen handelt es sich am ehesten um eine flüssige Anwendung. Aber auch hier ist der Geschmack ohne die Beteiligung der Nase sehr reduziert. Die INNERLICHE EINNAHME von ätherischen Ölen und Absolues kann recht gefährlich werden, da sie sehr aggressiv auf die Schleimhäute einwirken können. Sie sollte daher nur nach medizinischer Verordnung erfolgen.

Allgemein gilt beim Thema Dosierung das Motto: Weniger ist mehr! Die Arndt-Schulz'sche Regel formuliert dies sehr drastisch:

„KLEINE REIZE FACHEN DIE LEBENSTÄTIGKEIT AN,
GRÖSSERE HEMMEN SIE UND
STARKE REIZE FÜHREN ZUM ZELLTOD."

Für jeden der drei Duft-Wege stehen uns eine Reihe von Anwendungsformen wahlweise zur Verfügung. Die angegebenen Mengen beziehen sich jeweils auf qualitativ hochwertige Öle.

Aufnahme überwiegend über die Nase

- Duftlampe (warm): 1–5 Tropfen ätherisches Öl ins Wasser oder das Hydrolat pur
- Inhalation (kühl): direkt am Fläschchen oder ein Tropfen in der Handinnenfläche oder auf dem Taschentuch
- Aromaventilator (kühl): 1–5 Tropfen auf das Vlies
- Diffuseur (kühl): 1–3 Tropfen pur
- Dampfinhalation (heiß): 1–2 Tropfen auf heißes Wasser
- Naturpotpourri (kühl): 30 Tropfen auf getrocknete Pflanzen und Iriswurzelstücke
- Naturparfum (Hauttemperatur): 3–15 % ätherische Öle auf Jojoba- oder Alkohol-Hydrolat-Basis

Für frische und hohe Duftnoten eignen sich die kühlen Verbreitungsmöglichkeiten am besten. Warme und tiefe Duftnoten benötigen etwas Wärme (ab Körpertemperatur), um sich zu entfalten. Bei Temperaturen über 60° Celsius fraktionieren (d. h. zerfallen) einige Öle bereits.

Aufnahme überwiegend über die Haut

- Duftbad (Vollbad): 1–6 Tropfen auf Sahne oder Meersalz oder ein kräftiger Schuss Hydrolat, für Babys 1–2 Tropfen oder etwas Hydrolat
- Sitzbad, Fußbad: 1–2 Tropfen
- Körperöl: 1 ml auf 50 ml fettes Öl
- Massageöl: 2 ml auf 50 ml fettes Öl, für Babys max. 1 %
- Gesichtsöl: 1 ml auf 50 ml fettes Öl
- Gesichtswasser: Hydrolat pur oder mit etwas ätherischen Ölen und Alkohol
- Gesichtsmaske: Tonerde oder Quark mit Hydrolat anrühren, evtl. 1 Tropfen ätherisches Öl
- Kompresse, kühl oder warm: Hydrolat auf ein Handtuch oder ein Pad oder 1–2 Tropfen auf ein feuchtes Tuch

Ein Milliliter entspricht meist 25 Tropfen.
Vor großflächigen Hautanwendungen oder bei einer besonders empfindlichen, vielleicht sogar allergisch reagierenden Haut ist ein kleiner lokaler Verträglichkeitstest in der Ellenbogenbeuge sinnvoll.

Aufnahme überwiegend über den Magen

- Getränk: 1–2 Tropfen Zitrus-Essenz auf z. B. 1 Liter Saft
- Süßspeise: 1–2 Tropfen Zitrus-Essenz auf z. B. 500 g Speisequark
- Würzöl: 5 Tropfen ätherisches Öl auf 100 ml fettes Öl, davon 1 Teelöffel für 4 Personen
- Würzessig: 5 Tropfen ätherisches Öl auf 100 ml Essig, davon 1 Teelöffel

Absolues eignen sich wegen ihres Kontaktes zu Lösungsmitteln nicht für die Aromaküche.

Auswahlprinzipien

Sie können sich entweder von der Beschreibung der einzelnen Öle in Kapitel 2 ansprechen lassen und dann mit der Nase überprüfen, ob dieser Duft zu Ihnen passt, also sowohl die objektiven als auch die subjektiven Kriterien erfüllt. Oder Sie können über die erwünschte Wirkung in Kapitel 3 Hinweise über mögliche ätherische Öle erhalten, sich dann intensiver mit den Einzelpräsentationen beschäftigen und schließlich mit der Nase die Entscheidung treffen. Wichtig ist, dass eine gezielte Vorauswahl getroffen wird, da unsere Nase nur bedingt aufnahmefähig ist. Je ungeschulter eine Nase, desto schneller „ermüdet" sie.

Duftpräsentationen

Angelika *(Angelica archangelica)*

Pflanzenbeschreibung Die Angelika, auch Engelswurz genannt, ist eine mannshohe, stattliche und kräftige Pflanze. Ihre dicke Pfahlwurzel verankert sie fest im Boden. Sie ernährt die oberirdischen Pflanzenteile mit ihrer armdicken Grundachse, ihrem hellgrünen Blattwerk und ihrer grün-weißen Doldenblüte, die zu sprühen scheint.

Duftbeschreibung Das ätherische Öl der Angelikawurzel hat einen sehr vielschichtigen Duft, es repräsentiert den Dreiklang erdig-feurig-krautig. Der Dufteindruck ist unverdünnt recht dicht und schwer, mit einer würzigen Herbe. In der Verdünnung wird der Duft der Engelswurz sphärischer, engelsgleicher.

Duftwirkungen Die Wirkungen dieses Duftes sind ebenso vielfältig wie ihr Duft: Die wurzelig-erdige Komponente sorgt auf der körperlichen Ebene für Kraft und für Magenstärkung. Auf der seelisch-geistigen Ebene steht sie für Stabilität und Vitalität. Die feurige Seite wirkt jeweils aufbauend und unterstützt das Durchhaltevermögen, sei es gegenüber Bakterien oder Widrigkeiten und Widersachern anderer Natur. Das krautige Element unterstützt vor allem die Atmung. Durch die Kombination feurig-krautig ist Angelikaöl ein wertvolles Öl, um die Widerstandskräfte bei grippalem Infekt etc. zu stärken. Angelika ist gerade auf der psychischen Ebene ein sehr interessantes Öl: Es wirkt stark beruhigend auf das Nervensystem und ist sehr hilfreich bei Angstzuständen und Schlaflosigkeit. Die Beruhigung geht hier mit einer allgemeinen Kräftigung einher.

Anwendungsmöglichkeiten Sie können einen Tropfen Angelikaöl einfach in die Handinnenflächen oder auf ein Taschentuch geben und den Duft inhalieren. Für zu Hause bietet sich ein Bad oder ein Körperöl an. Die Dosierung sollte jeweils sehr schwach sein, damit sich der eher kräftig-herbe Duft zart entfalten kann. Je dezenter die Dosierung, desto stärker die seelisch-geistige Wirkung.

Pflanzenfamilie:
Doldenblütler (Umbelliferae = Apiaceae)
Vorkommen:
Mitteleuropa
Pflanzenteil:
Wurzel
Gewinnung:
Destillation durch Wasserdampf
Ertrag:
0,3%
Duftnote:
Basis-Herznote mit einer Spur Kopfnote
interessante Inhaltsstoffe:
Alkaloide, Kumarine

Anwendungseinschränkungen Die Kumarine haben eine photosensibilisierende Wirkung, d. h. sie erhöhen die Lichtempfindlichkeit. Daher nicht mit (natürlichen oder künstlichen) Sonnenbädern kombinieren.

Benzoe, Siam *(Styrax tonkinensis)*

Pflanzenbeschreibung Das Benzoeharz wird von bis zu 20 m hohen Bäumen überwiegend in Thailand gewonnen, indem die Rinde mechanisch verletzt wird. Der Baum schließt diese Wunde durch die Produktion des Harzes.

Duftbeschreibung Das aus dem Harz gewonnene Benzoe-Resinoid duftet balsamisch-süß und erinnert an Vanille.

Duftwirkungen Die Duftwirkungen entsprechen der Besonderheit der Pflanze und ihrem charakteristischen Duft. So wie die Pflanze ihre Wunde durch das Harz heilt, so hat auch das Benzoe-Resinoid eine wundheilende Wirkung bei Mensch und Tier. Diese zeigt sich sowohl im medizinisch-kosmetischen als auch im psychisch-geistigen Bereich. Benzoe ist Balsam für die Haut und für die Seele, hilft bei der guten Vernarbung von Verletzungen der Haut und der Seele. Der Duft weist auf die besondere Qualität dieser balsamischen Heilung hin: Er ist lieblich-süß, weckt Assoziationen an Süßigkeiten und behüteter Kindheit und vermittelt so beruhigend-wohlige Gefühle. Benzoe eignet sich als verwöhnendes Gegengewicht bei Stress, Kummer und depressiven Verstimmungen oder zum Unterstreichen einer sanft-sinnlichen Atmosphäre, zum Beispiel bei der Partnermassage.

Pflanzenfamilie:
Styraxbaumgewächse (Styracaceae)
Vorkommen:
Thailand, Kambodscha, Vietnam
Pflanzenteil:
Harz
Gewinnung:
Extraktion mit Lösungsmittel
Ertrag:
ca. 90 % aus dem Harz
Duftnote:
leichte Basisnote
interessante Inhaltsstoffe:
Coniferyl-Benzoat (Ester) und Vanillin (Aldehyd)

Anwendungsmöglichkeiten Benzoe ist ein wertvoller Bestandteil in Kompositionen für die Duftlampe, fürs Wohlfühlbad oder für Hautpflegeprodukte. Schöne Begleitdüfte sind warme Zitrusnoten wie Orange, Clementine etc. oder das edle Rosenöl. Da seine Konsistenz sehr zäh ist, sollte es mit unvergälltem Weingeist ergänzt werden.

Anwendungseinschränkungen Nicht für Büros etc. geeignet, da es eher samtig einhüllt, als konzentrativ erfrischt.

Bergamotte *(Citrus bergamia)*

Pflanzenbeschreibung Die begehrtesten Bergamottebäume wachsen in Reggio di Calabria, einem schmalen Küstenstreifen an der Stiefelspitze Italiens. Die Ernte der nicht essbaren Zitrusfrüchte erfolgt in den Wintermonaten. Sie haben die Form einer Orange und als reife Früchte die gelbe Farbe der Zitrone.

Duftbeschreibung Die Bergamotte-Essenz zeichnet sich durch ihren einmaligen sonnig-frischen Duft aus. Er vermittelt Leichtigkeit, Luftigkeit und Lebensfreude.

Duftwirkungen Bergamotte wird daher häufig zur Stimmungsaufhellung und zur Aufmunterung eingesetzt. Auch Hautanwendungen mit Bergamotte sind interessant: Sie ist hilfreich bei Akne, fetter Haut und Schuppenflechte (Psoriasis). Die Wirksamkeit beruht neben der antibakteriellen und antiviralen (gegen Viren gerichtet) Funktion stark auf der enormen psychischen Wirkung dieser Essenz. Da der Duft der Bergamotte von fast allen Menschen als sympathisch erlebt wird, finden sich viele Einsatzgebiete.

Anwendungsmöglichkeiten Die einfachste Art ist ein Riechfläschchen in der Handtasche, auf dem Schreibtisch … Wann immer Ihnen etwas Aufmunterung und sonnige Lichtenergie gut tun würde, einfach hineinriechen und auftanken. Auch als Parfum (Eau de Cologne) oder im Körperöl ist Bergamotte sehr erfrischend und belebend, ohne jedoch aufzuregen. Gleichzeitig hat es eine gute desodorierende Wirkung. In der Küche können Sie mit wenigen Tropfen Ihren eigenen Earl-Grey-Tee aromatisieren. Bitte achten Sie bei Bergamotte auf gute, möglichst chiral untersuchte Qualität.

Anwendungseinschränkungen Aufgrund des Kumarin- und Furokumaringehaltes erhöht die natürliche und naturbelassene Bergamotte-Essenz die Lichtempfindlichkeit (Photosensibilität) stark. Auf keinen Fall mit natürlichen oder künstlichen Sonnenbädern kombinieren. Dies würde starke Pigmentflecken provozieren.
Es gibt auch furokumarinfreies Bergamotteöl auf dem Markt. Da die Lichtkraft jedoch stark an diesen Inhaltsstoff gekoppelt ist, ist es ungeeignet.

Pflanzenfamilie:
Rautengewächse (Rutaceae)
Vorkommen:
Italien, Elfenbeinküste
Pflanzenteil:
Fruchtschale
Gewinnung:
Kaltpressung (Expression) der Fruchtschale
Ertrag:
0,5%
Duftnote:
Kopfnote
interessante Inhaltsstoffe:
Linalylazetat (Ester), Kumarine und Furokumarine

Cajeput *(Melaleuca leucadendra)*

Pflanzenfamilie:
Myrtengewächse (Myrtaceae)
Vorkommen:
Australien, Indonesien
Pflanzenteil:
Blätter
Gewinnung:
Destillation durch Wasserdampf
Ertrag:
max. 1 %
Duftnote:
Kopfnote
interessante Inhaltsstoffe:
1,8 Cineol (Oxyd),
alpha-Terpineol (Monoterpenol),
Viridiflorol (Sesquiterpenol)

Pflanzenbeschreibung Cajeput ist ein immergrüner Baum mit schmalen Blättern und weißen Blüten. Er gehört wie Tea-Tree, Eukalyptus, Niaouli, Myrte etc. der heilkräftigen Familie der Myrtengewächse an und stellt häufig eine interessante Alternative dar.

Duftbeschreibung Der Duft des Cajeputöls ist hell, frisch und klar, erinnert etwas an Eukalyptus, da er sehr viele Oxyde enthält, ist jedoch zarter und weicher. Damit eignet sich dieses Öl, im Vergleich zu Eukalyptus (globulus), besser für Kinder, sensible Erwachsene und zur Vorbeugung.

Duftwirkungen Der hohe, luftbetonte Duft regt die Atmung und die Abwehrkräfte an und hilft daher bei allen Atemwegserkrankungen. Er wirkt expektorierend (auswurffördernd). Auf der geistig-seelischen Seite regt Cajeputöl das klare Denken an und gibt frischen Schwung bei Antriebslosigkeit, ohne dabei in Hyperaktivität umzukippen.

Anwendungsmöglichkeiten Ein Tröpfchen Cajeput auf einem Vlies oder Taschentuch und tief einatmen. Cajeput passt auch gut für ein morgendliches Duschbad oder in das daran anschließende Körperöl. Sie können die Hautverträglichkeit durch Beigabe von Lavendel oder Geranie erhöhen.

Anwendungseinschränkungen Für Hautanwendungen bitte zart dosieren und mit hautfreundlichen ätherischen Ölen kombinieren. Schwangere Frauen sollten vorsichtig damit umgehen.

Citronnelle *(Cymbopogon nardus)*

Pflanzenbeschreibung Um das Citronnelleöl zu gewinnen, werden frische und angetrocknete Grasbüschel, die in Plantagen kultiviert werden, geerntet.

Duftbeschreibung Das ätherische Öl duftet zitronig-weich mit einem grasartig-herben Unterton.

Duftwirkungen Citronnelleöl wird häufig zur Beduftung von Reinigungsmitteln und zur Insektenabwehr verwendet, da es recht preisgünstig ist. Aufgrund seiner Inhaltsstoffe eignet es sich aber auch für die Hautpflege: Es wirkt entzündungshemmend und antibakteriell.

Anwendungsmöglichkeiten Sie können eine neutrale Seife oder Seifenpaste damit beduften. Im Sommer hilft dieser Duft, auch in Kombination mit Zeder und/oder Geranie, die Stechmücken fernzuhalten, indem Sie eine Duftlampe aufstellen oder sich selbst auf der Grundlage eines fetten Öls beduften. Durch die Körperwärme verströmt der Duft schön.

Anwendungseinschränkungen Nicht bekannt.

Pflanzenfamilie:
Süßgräser (*Gramineae* = *Poaceae*)
Vorkommen:
Sri Lanka, Indonesien, Südamerika
Pflanzenteil:
Gras
Gewinnung:
Destillation durch Wasserdampf
Ertrag:
ca. 1%
Duftnote:
Kopfnote
interessante Inhaltsstoffe:
Geraniol (Monoterpenol), Citronnellal (Aldehyd)

Eukalyptus-Arten *(Eucalyptus globulus, E. citriodora, E. radiata)*

Pflanzenbeschreibung Von den ca. 160 Arten der Gattung Eukalyptus wachsen die meisten dieser immergrünen Bäume in Australien, einige auch im Mittelmeerraum. Der Eukalyptus globulus ist der bekannteste Vertreter. Dieser schnellwachsende Baum hat die besondere Fähigkeit, mit seinen tiefen Wurzeln sumpfige Gebiete in relativ kurzer Zeit trockenzulegen. Der Zitronen-Eukalyptus und der Eukalyptus radiata sind interessante Alternativen, da sie mildere ätherische Öle produzieren, die andere Potentiale haben.

Duftbeschreibungen Der Duft des Eukalyptus globulus ist hell, klar, sehr kühl und eher „spitz“, da sein biochemischer Schwerpunkt stark auf den Oxyden liegt. Im Vergleich dazu ist der Zitronen-Eukalyptus milder, weicher, runder. Sein Duft ist zitronenfrisch, mit einer grasartigen Basis. Dieser weichere Charakter beruht auf der Aldehyd-Betonung. Der Eukalyptus radiata stellt eine dritte Variante dar, er kombiniert die Kühle des Eukalyptus globulus mit einer gewissen Milde des Eukalyptus citriodora. Sein biochemischer Schwerpunkt liegt auf den Oxyden, kombiniert mit Monoterpenolen und Aldehyden.
Entsprechend der unterschiedlichen Duftbotschaften und Inhaltsstoffe gestalten sich auch die Wirkungen verschiedenartig.

Pflanzenfamilie:
Myrtengewächse (Myrtaceae)
Vorkommen:
Australien, Portugal
Pflanzenteil:
Blätter
Gewinnung:
Destillation mit Wasserdampf
Ertrag:
bis 2 %
Duftnote:
Kopfnote
interessante Inhaltsstoffe:
beim Eukalyptus globulus:
1,8 Cineol (Oxyd)
beim Zitronen-Eukalyptus:
Citronnellal (Aldehyd)
beim Eukalyptus radiata:
1,8 Cineol (Oxyd) und
alpha-Terpineol (Monoterpenol)

Duftwirkungen Der Eukalyptus globulus hat einen starken Einfluss auf die Atemwege. Er reinigt die Atemluft (antibakteriell) und hilft bei Atemwegserkrankungen wie Bronchitis gegen die Verschleimung (expektorierend).
Der Anwendungsschwerpunkt des Zitronen-Eukalyptus liegt stärker im entzündungshemmenden, antirheumatischen Bereich (Arthritis etc.). Während Eukalyptus globulus sehr anregend (auch auf den Kopf) wirkt, geht vom Zitronen-Eukalyptus eine beruhigende Wirkung aus. Der Eukalyptus radiata kann durch seine antibakterielle und antivirale Wirkung sowohl bei Grippe, Husten und Bronchitis eingesetzt werden.

Anwendungsmöglichkeiten Der Eukalyptus globulus sollte nur kühl inhaliert werden, da er durch jeglichen Wärmeeinfluss (z. B. durch die Duftlampe) seine typische kühlende Wirkung einbüßt. Der Zitronen-Eukalyptus eignet sich überwiegend für Hautanwendungen und kann auch in die Duftlampe gegeben werden. Der Eukalyptus radiata nimmt eine Mittelposition ein: Er sollte keiner Wärme ausgesetzt werden, kann aber bei Körpertemperaturen seine Wirkung in Hautanwendungen gut entfalten.

Anwendungseinschränkungen Eukalyptus globulus eignet sich nicht für Babys oder schwangere Frauen und aufgrund seiner anregenden Wirkung nicht für abends. Auch von den meisten Erwachsenen wird er als sehr penetrant empfunden. Greifen Sie zunächst immer zu einer milderen Alternative. Auch in der Aromatherapie gilt der Grundsatz: Nicht mit Kanonen auf Spatzen schießen! Übrigens: Cajeput gehört auch zu den sympathischen Alternativen.

Fenchel, süß *(Foeniculum vulgare var. dulce)*

Pflanzenbeschreibung Die Fenchelpflanze gehört wie z. B. die Angelika zur Familie der Doldenblütler. Der Fenchel verwirklicht die sehr luftige Blatt- und Blütenbildung besonders eindrücklich. Seine Blätter sind so fein gegliedert, dass sie eher wie Federn als wie ein typisches Blatt wirken. Die Dolde präsentiert sich als einzigartiges gelbes Strahlenbündel.

Duftbeschreibung Der Duft des süßen Fenchelöls erinnert an Anis und ist krautig-würzig, herb und süß zugleich.

Pflanzenfamilie:
Doldenblütler
(Umbelliferae = Apiaceae)
Vorkommen:
Mittelmeerraum
Pflanzenteil:
Samen/Frucht
Gewinnung:
Destillation mit Wasserdampf
Ertrag:
bis 2 %
Duftnote:
Basisnote
Interessante Inhaltsstoffe:
Trans-Anethol (Äther)

Duftwirkungen Wie alle Doldenblütler wirkt auch das ätherische Öl des Fenchels magenstärkend und blähungswidrig. Hinzu kommt seine spezifische östrogenähnliche Wirkung. Damit wird es zum perfekten Öl für Frauen mit Zyklusschwankungen. Außerdem zählt es zu den seelisch wirksamen Ölen, die bei nervös bedingten Beschwerden wie z.B. Asthma in Form von Krampflösung sehr hilfreich sein können.
Wegen seiner entgiftenden Eigenschaften ist es auch ein wertvoller Wirkstoff in Cellulite-Ölen.

Anwendungsmöglichkeiten Bei Verdauungs- und Menstruationsbeschwerden bietet sich eine Bauchmassage (immer im Uhrzeigersinn!) an. Auch in Bädern, Körperölen oder in der Duftlampe anwendbar.

Anwendungseinschränkungen Wegen seiner östrogenartigen Wirkung nur in der östrogenbetonten Zyklusphase benutzen: zwischen der Menstruation und dem Eisprung, auf keinen Fall danach. Nicht für schwangere Frauen.
Ob es für Kinder geeignet ist, wird widersprüchlich diskutiert. Viele Hebammen haben sehr positive Erfahrungen mit Fenchelöl bei Blähungen von Babys gesammelt. Andere Autorinnen und Autoren warnen vor dem Einsatz. Nach R. Tisserand ist besonders die orale (innerliche) Einnahme gefährlich. Fencheltee ist eine unproblematische Alternative.

Geranien, Zitronen- und Rosengeranie *(Pelargonium odoratissimum, P. graveolens)*

Pflanzenbeschreibung Die duftende Geranie bzw. botanisch exakter die Pelargonie wächst als mehrjähriger Strauch in warmen, trockenen Ländern. Ihre Besonderheit besteht darin, dass sie in ihren behaarten Blättern einen recht blütenartigen Duft produziert. Die kleinen, rosafarbenen Blüten der Duftgeranie sind eher unscheinbar. Bei unseren Balkonpflanzen wurde durch spezielle Züchtungen die Blütenpracht einseitig betont, wodurch der Duft verloren ging.

Pflanzenfamilie:
Storchschnabelgewächse (Geraniaceae)
Vorkommen:
Madagaskar, Réunion, Ägypten, Marokko
Pflanzenteil:
Blätter
Gewinnung:
Destillation mit Wasserdampf
Ertrag:
0,1 %
Duftnote:
Herznote
interessante Inhaltsstoffe:
Geraniol und Citronellol (Monoterpenole)

Duftbeschreibungen Sowohl das ätherische Öl der Zitronengeranie als auch das der Rosengeranie duften rosenartig. Im Unterschied zum edlen, rein blütenhaften Rosenöl haben die Geranienöle aufgrund ihrer Blattherkunft einen krautigen Unterton. Die Zitronengeranie, wie der Name bereits aussagt, duftet frischer und zitronenhafter, während die Rosengeranie einen tieferen, stärker rosenartigen Duft hat.
Diese Duftunterschiede sind durch die jeweils unterschiedlichen Verhältnisse von Citronnellol und Geraniol bedingt. Je nach Tageszeit und Sympathie können Sie mal das eine oder das andere favorisieren.

Duftwirkungen Geranienöl ist sehr hautfreundlich und hautpflegend. Es ist wirksam gegen Bakterien und Pilze, hilft bei Entzündungen und ist adstringierend und blutstillend. Damit eignet es sich zur Anwendung bei einer Vielzahl von Hautproblemen wie fette und entzündete Haut, Akne, Wunden, Schnitte, Hautjucken und Striemen. Wegen seiner hormonell ausgleichenden und lymphanregenden Wirkung bietet sich Geranie auch für PMS- und Cellulite-Behandlungen an.
Auf der seelischen Ebene wird Geranienöl bei nervösen Spannungen eingesetzt. Und last, not least kann es Insekten vertreiben, wobei ich hier eher zu günstigeren ätherischen Ölen wie Citronnelle etc. greifen würde.

Anwendungsmöglichkeiten Sie liegen primär im Hautbereich, aber auch in der Wohnraum-Beduftung, da der Einsatz von Rosenöl meist zu kostbar ist.

Anwendungseinschränkungen Keine bekannt. Dennoch empfehle ich vor großflächigen Anwendungen vorsichtshalber einen kleinen lokalen Verträglichkeitstest.

Gewürznelke *(Eugenia caryophyllata = Syzygium aromaticum)*

Pflanzenbeschreibung Der immergrüne Gewürznelkenbaum zeichnet sich durch ledrige Blätter und dreifach dreiteilige Blütenstände aus. Die kleinen, intensiv duftenden Blütenknospen werden vor dem Aufblühen geerntet und getrocknet. Die Blätter stehen ganzjährig zur Verfügung.

Pflanzenfamilie:
Myrtengewächse (Myrtaceae)
Vorkommen:
Madagaskar, Sri Lanka
Pflanzenteil:
Blütenknospen oder Blätter
Gewinnung:
Destillation mit Wasserdampf
Ertrag:
bei den Blütenknospen ca. 15 %,
bei den Blättern ca. 2 %
Duftnote:
Basisnote
interessante Inhaltsstoffe:
Eugenol (Phenol),
im Blütenknospenöl: Eugenylazetat (Ester), alpha- und beta-Caryophyllen (Sesquiterpene)

Duftbeschreibung Der intensive, langanhaltende Duft des ätherischen Öls ist erdig-feurig und sehr würzig. Das kostbarere Blütenknospenöl stellt sich dabei etwas heller und differenzierter, das günstigere Blattöl etwas dumpfer dar.

Duftwirkungen Ähnlich wie das Küchengewürz hat das ätherische Öl der Gewürznelke eine verdauungsstärkende und erwärmende Wirkung. Aufgrund seiner stark antiinfektiösen und lokal betäubenden Wirkung wird es im professionellen und privaten Bereich bei Zahnschmerzen eingesetzt. Für Kinder eignet es sich wegen seines starken Geschmacks und seiner potentiellen Hautreizung jedoch nicht. Hier stellen die blaue oder die römische Kamille eine sanfte Alternative dar.
Das Gewürznelkenöl wirkt sehr anregend und kräftigend, sowohl bei körperlichen als auch geistigen Schwächezuständen. Es ist eine beliebte Basisnote in Kompositionen, muss aber sehr zart dosiert werden, um nicht alle anderen Ingredienzen zu „übertönen". In Frankreich ist es wegen seiner uterustonisierenden Wirkung das Öl für Hebammen, in Deutschland ist mir seine Anwendung in der Gynäkologie nicht bekannt.

Anwendungsmöglichkeiten Dezent dosierte lokale Hautanwendungen bei Erwachsenen, kombiniert mit hautfreundlichen ätherischen Ölen, und in exotischen Duftkompositionen für die Duftlampe oder in Parfums.

Anwendungseinschränkungen Da Phenole eher hautirritierend wirken, bei Hautanwendungen nur mit Dosierungen unter 1 % arbeiten. Bei schwangeren Frauen nur unter der Aufsicht einer fachkundigen Ärztin oder Hebamme. Im Zweifelsfalle nicht während der Schwangerschaft. Vorsicht auch bei Lebererkrankungen (hepatoxisch). Nicht für Kinder.

Grapefruit *(Citrus decumana, C. paradisi)*

Pflanzenfamilie:
Rautengewächse (Rutaceae)
Vorkommen:
Israel, USA
Pflanzenteil:
Fruchtschale
Gewinnung:
Expression der Fruchtschale
Ertrag:
0,1 %
Duftnote:
Kopfnote
interessante Inhaltsstoffe:
Limonen (Monoterpen), Bergaptol (Furokumarin)

Pflanzenbeschreibung Die gelben Fruchtschalen des Grapefruitbaums liefern ein frisches, sonnig-luftiges Zitrusöl mit einem feinen warmen Einschlag. Wem die Zitrone zu „sauer" und die Orange zu „süß" duftet, für die- bzw. denjenige(n) stimmt vielleicht das Grapefruitöl. In Zitruskompositionen schafft es einen schönen Zwischenschritt. Grapefruit ist ein Hybrid aus der Pampelmuse (Citrus maxima) und der Orange (Citrus sinensis) und tendiert dabei deutlich zur Pampelmuse.

Duftbeschreibung Der Duft ist fruchtig-frisch mit einer sonnigen Strahlkraft.

Duftwirkungen Grapefruit frischt durch seine antiseptische Wirkung die Raumluft auf und vermittelt in Eau-de-Cologne-Noten einen spritzig-fruchtigen Effekt. Dieser heiter-frische Duft hat eine euphorisierende Wirkung und muntert bei Stimmungsschwankungen und Niedergeschlagenheit auf. In der Hautpflege wird Grapefruitöl meist bei fettiger Haut und bei Cellulite eingesetzt. Es soll einen regulierenden Einfluss auf Ess-Störungen haben.

Anwendungsmöglichkeiten Zur Wohnraum-Beduftung (in der Duftlampe in Kombination mit tieferen Duftnoten), in frischen Parfums, in der Hautpflege, in der Küche zur Aromatisierung von Speisen und Getränken.

Anwendungseinschränkungen Die Furokumarine erhöhen die Lichtempfindlichkeit der Haut. Vorsicht bei Sonnenbädern!

Jasmin *(Jasminum grandiflorum, J. officinale)*

Pflanzenbeschreibung Der Jasminstrauch ist eine frostempfindliche Kletterpflanze, die überwiegend im Mittelmeerraum angebaut wird. Sie trägt kleine Blättchen und zarte weiße Blüten, die nachts intensiv duften. Diese Blüten werden frühmorgens in Handarbeit gepflückt. Um einen Tropfen Jasminabsolue zu gewinnen, benötigt man 200 frische Blüten. Als Verfahren wird meist die Extraktion mit Lösungsmitteln gewählt.

Duftbeschreibung Der Duft von Jasmin ist ein sehr schwerer, voller, orientalischer Blütenduft mit einer sehr sinnlich-feminen und betörenden Ausstrahlung.

Duftwirkungen Jasminöl zaubert einen schönen, euphorisierenden Duftrahmen für erotische Stunden. Therapeutisch wird echtes Jasminöl bei sexuellen Spannungen eingesetzt und in der Geburtshilfe. Da die Wirkungen von Jasmin sehr tiefgreifend sind, ist hier das Einverständnis der Beteiligten von besonders großer Bedeutung.

Anwendungsmöglichkeiten Die Dosierung von Jasmin sollte eine sehr zarte und subtile sein, da sonst die Anziehungskraft und die therapeutische Kraft dieses Duftes in Abwehr umschlagen kann. Ein Tropfen (200 Blüten!) genügt meist für 50 ml Körperöl oder 10 ml natürliches Parfumöl für ein Bad oder für die Duftlampe. In Kompositionen eignen sich als Kopfnoten warme Zitrusnoten (z.B. Orange, Clementine) und als Basisnoten warme Holznoten (wie Sandelholz, Zeder). Jasmin ist sehr hautfreundlich und hautpflegend und sowohl im körperlichen wie auch im seelischen Bereich sanft erwärmend. Für ein duftendes Jasminbad ist Sahne die ideale Grundlage: Je nach Hauttyp 100–200 ml Sahne mit 1 Tropfen Jasmin.

Pflanzenfamilie:
Oleandergewächse (Oleaceae)
Vorkommen:
Ägypten, Indien
Pflanzenteil:
Blüte
Gewinnung:
Extraktion mit Lösungsmittel, in Ausnahmefällen Enfleurage
Ertrag:
0,1 %
Duftnote:
üppige Herznote
interessante Inhaltsstoffe:
Benzylazetat und Benzylbenzoat (Ester), Jasmon (Keton)

Anwendungseinschränkungen Keine Einschränkungen bei einer zarten Dosierung (0,1 %) und im richtigen (sinnlichen) Kontext.

Kamille, blau *(Matricaria chamomilla)*

Pflanzenbeschreibung Die Echte Kamille, auch deutsche Kamille genannt, ist ein einjähriges Kraut mit gelben Röhrenblüten, umrahmt von weißen Scheibenblüten. Sie ist ein beliebtes Kraut und ihre Blüten werden häufig als Tee zubereitet.
Der Name blaue Kamille weist auf die dunkelblaue Farbe des ätherischen Öls hin, die durch die Azulene bedingt ist. Nur die Schafgarbe verfügt neben Kamille, blau über diesen wertvollen Inhaltsstoff, der erst bei der Destillation im Sinne einer Umwandlung entsteht.

Pflanzenfamilie:
Korbblütler
(Compositae = Asteraceae)
Vorkommen:
Ägypten, Deutschland
Pflanzenteil:
blühendes Kraut
Gewinnung:
Destillation mit Wasserdampf
Ertrag:
0,2 %
Duftnote:
Herznote
interessante Inhaltsstoffe:
Chamazulen (Sesquiterpen), Bisabololoxyde (Oxyde)

Duftbeschreibung Der Duft der blauen Kamille ist sehr vielschichtig: Er hat eine kräuterartige und eine blumige Komponente mit einem apfelähnlichen Unterton.

Duftwirkungen Ebenso vielschichtig wie der Duft ist auch die Wirkungsweise des blauen Kamillenöls. Im Vordergrund steht jedoch eindeutig die stark entzündungshemmende (wegen der Azulene) und die krampflösende Wirkung. Damit zählt es zu den wertvollen Ölen für Babys: zur Hautpflege bei Wundsein, bei Blähungen, gegen Zahn- und Ohrenschmerzen, Schlafstörungen …

Aber auch für Erwachsene ist die blaue Kamille bei aller Sanftheit ein sehr wirksames Öl.

Wenn Probleme, Angst und Stress „auf den Magen schlagen", „an die Nieren gehen" oder wenn Spannungen, Ärger und Gereizheit allergische Reaktionen verursachen, dann empfiehlt sich meist eine lokale Anwendung oder eine Ganzkörperanwendung mit Kamille.

Anwendungsmöglichkeiten Die Hautanwendungen stehen im Vordergrund. Dosierungen von 0,1 % genügen vollauf. Für Bäder empfehle ich Sahne als Grundlage, für Körperöle eignet sich Mandelöl und besonders Nachtherzen- oder Borretschsamenöl.

Anwendungseinschränkungen Kamille, blau kann in Einzelfällen nicht nur Allergien positiv beeinflussen, sondern auch Allergien auslösen, zum Teil im Rahmen einer Erstverschlimmerung.

Kamille, römisch *(Anthemis nobilis = Chamaemelum nobile)*

Pflanzenbeschreibung Die mehrjährige römische Kamille ähnelt der deutschen Kamille, hat ebenfalls feine gefiederte Blätter, jedoch größere Blüten und erinnert damit fast an ein Gänseblümchen.

Duftbeschreibung Der Duft ist einerseits fruchtig-frisch, gleichzeitig aber auch blumig-zart. Im Vergleich zur blauen Kamille ist er viel luftiger.

Duftwirkungen Der Schwerpunkt liegt auf einer stark beruhigenden Wirkung des zentralen Nervensystems. Damit ist die römische Kamille sehr wertvoll bei nervlichen Belastungen, selbst bei Schocks, und in menschlichen Extremsituationen wie z. B. bei chirugischen Eingriffen. Hinzu kommt eine entzündungshemmende Wirkung.

Anwendungsmöglichkeiten Kamille, römisch kann sowohl als Hautanwendung, aber auch sehr gut zum Inhalieren verwendet werden. Empfohlene Dosierung: 0,1–0,5 %.

Anwendungseinschränkungen Keine bekannt.

Pflanzenfamilie:
Korbblütler
(Compositae = Asteraceae)
Vorkommen:
Frankreich, Balkan
Pflanzenteil:
blühendes Kraut
Gewinnung:
Destillation mit Wasserdampf
Ertrag:
1 %
Duftnote:
hohe Herznote
interessante Inhaltsstoffe:
Isobutyl-Angelat (Ester)

Kiefer *(Pinus sylvestris)*

Pflanzenbeschreibung Die Gemeine Kiefer, auch Föhre genannt, ist ein immergrüner Nadelbaum, der unsere europäischen Wälder prägt. Die Koniferen vermögen die besondere Licht- und Wärmequalität der kühlen Regionen über viele Jahre hin zu speichern und sie in ihre Holzbildung umzusetzen. Selbst ihre Blüten (Zapfen) sind verholzt! Das Prinzip des Nadelbaums ist die Vertikalität, das Linienhaft-Aufrechte, das Rudolf Steiner als ichstärkend und nervenstärkend charakterisiert.

Duftbeschreibung Der Duft des Kiefernöls ist waldig-frisch mit einem harzigen Hintergrund.

Duftwirkungen Kieferndulft bewirkt eine Anregung der Atmung und der Durchblutung. Er stärkt bei Schwächezuständen (auch analog Steiner) und ist hilfreich bei Atemwegserkrankungen wie Stirnhöhlenvereiterung, Bronchitis und Asthma. Die absolute Besonderheit von Kiefer ist seine cortisonähnliche Wirkung. Sie bietet sich im therapeutisch-medizinischen Bereich zur Behandlung von entzündlich-allergischen Hormonmangelzuständen an.

Pflanzenfamilie:
Kiefergewächse (Pinaceae)
Vorkommen:
Europa
Pflanzenteil:
Nadeln und Zweige
Gewinnung:
Destillation mit Wasserdampf
Ertrag:
0.1 %
Duftnote:
Herznote
interessante Inhaltsstoffe:
Pinene und Limonene (Monoterpene) und Bornylazetat (Ester)

Anwendungsmöglichkeiten Das ätherische Kiefernöl eignet sich gut für Inhalationen und kombiniert mit z. B. Lavendel für Hautanwendungen (Bäder und Massagen). In natürlichen Herrenparfums schafft Kiefernadelöl einen interessanten Akkord.

Anwendungseinschränkungen Da Limonene nicht besonders hautfreundlich sind, empfiehlt sich die Kombination z. B. mit Lavendel oder einem anderen hautfreundlichen ätherischen Öl.

Krauseminze *(Mentha spicata und andere Minzen)*

Pflanzenbeschreibung Die Krauseminze ist ein mehrjähriges Kraut mit breitlanzettlichen Blättern und rosa- bis lilafarbenen Lippenblüten in Scheinährenform. Ihr englisch-amerikanischer Name *spearmint* schafft sofort den Bezug zu Kaugummis und Mundpflegeprodukten. In Marokko wächst die Unterart *nanah* und wird gerne und regelmäßig zu den Mahlzeiten als Tee getrunken.

Duftbeschreibungen Der Duft der ägyptischen Krauseminze ist hell, frisch, klar, hoch und schnell, eben typisch minzig, jedoch mit einer lieblichen Unternote, im Vergleich zur „spitzeren" aggressiveren Pfefferminze. Die marokkanische Nanahminze unterscheidet sich von der Krauseminze durch einen kleinen heuartigen Einschlag.

Pflanzenfamilie:
Lippenblütler
(Labiatae = Lamiaceae)
Vorkommen:
Ägypten, Marokko, USA
Pflanzenteil:
blühendes Kraut
Gewinnung:
Destillation mit Wasserdampf
Ertrag:
0,5 %
Duftnote:
Kopfnote
interessante Inhaltsstoffe:
Limonen (Monoterpen),
Trans-Thujanol (Monoterpenol),
Carvon (Keton)

Duftwirkungen Die Minzen verwirklichen jede auf ihre spezifische Art und Weise die Spannung zwischen erwärmend und kühlend. Bei der Pfefferminze ist diese Polarität besonders ausgeprägt, die Krauseminze und besonders die Nanahminze sind etwas „abgefederte" Varianten dieses Themas und daher für Kinder, für die Prophylaxe und für leichtere, alltägliche Fälle empfehlenswert. Die Wirkung entspricht dem Dufteindruck: erfrischend, befreiend, belebend, das klare Denken und das Gedächtnis anregend.
Außerdem sind die Minzen verdauungsstärkend, auch bei Reisekrankheit. Sie regen den Gallenfluss an und wirken klärend bei Hautunreinheiten. Aufgrund ihrer Frische und Klarheit wirken sie auch hilfreich auf die

Atmung ein. Sie fördern die Schleimlösung sowohl bei akuten als auch bei chronischen Erkrankungen wie Bronchitis.

Anwendungsmöglichkeiten Auf dem Taschentuch oder im Zerstäuber zur Inhalation oder vorsichtig dosiert in Kompositionen. Eine dezente Dosierung ist auch bei Hautanwendungen angesagt, da die Kältenerven angeregt werden. Bei den Minzen gilt der Grundsatz „Weniger ist mehr“ in ganz besonderem Maße. Sie sind sehr beliebt und vielseitig, aber nicht unproblematisch.

Anwendungseinschränkungen Manche Chargen weisen einen recht hohen Ketongehalt auf. Die Ketone haben eine neurotoxische und abortive Wirkung. Nicht bei schwangeren Frauen, Babys und Kindern anwenden. Pfefferminze wirkt abstillend.

Lavendel *Lavandin (Lavandula hybrida), Lavendel, fein (L. officinalis) und Lavendel, wild (L. vera)*

Pflanzenbeschreibung Die Landschaft der Provence ist symbolisch und touristisch durch die blau-violett blühenden Lavendelpflanzen geprägt. Die großen igelförmigen Halbsträucher, die z.B. auf dem Hochplateau des Valensole in scheinbar endlosen Reihen angebaut werden, sind Lavandinpflanzen, eine gezüchtete Hybridform aus feinem Lavendel und Speiklavendel. Die Lavandinpflanze ist größer als die Lavendelpflanze, hat mehr Blüten und auch größere Blüten. Dadurch ist der Ertrag meist der dreifache. Es werden verschiedene Züchtungen angebaut, empfehlenswert ist der Super und der Abrialis.
Die Pflanze und damit auch der Duft von Lavandin wird für die meisten Menschen mit „Lavendel“ assoziiert, da meist nur dieser überall erhältlich ist.

Pflanzenfamilie:
Lippenblütler (Labiatae = Lamiaceae)
Vorkommen:
Frankreich, Spanien
Pflanzenteil:
blühendes Kraut
Gewinnung:
Destillation mit Wasserdampf
Ertrag:
1,5–2 %
Duftnote:
Kopf-Herznote
interessante Inhaltsstoffe:
Linalol (Monoterpenol) und Linalylazetat (Ester)

Duftbeschreibung Lavandin bzw. Lavendel duftet hell, klar und rein, blumig-krautig und ist dabei rund und strahlt eine große Ruhe aus. Das ätherische Lavandinöl ist mild und „mittig“, d.h. zentriert auf seine spezifische zarte und luftige Art und Weise.

Duftwirkungen Lavandin bzw. Lavendel ist ein Tausendsassa unter den ätherischen Ölen und wird daher treffenderweise als „das blaue Wunder“ bezeichnet! Lavendelöl wirkt beruhigend und krampflösend, senkt den Blutdruck und entspannt die Muskeln, ist entzündungshemmend und schmerzstillend, sowie wundheilend. Es hat eine hohe Bedeutung bei allen Erscheinungsformen von Stress, auch bei Schlafstörungen, Beklemmung und Muskelverhärtungen. Es ist eines der hautpflegendsten und hautfreundlichsten ätherischen Öle überhaupt und hilfreich, um die Haut zu klären, zu reinigen und zu beruhigen. Auch im geistig-seelischen Bereich entfalten Lavandin und Lavendel ihre klärende, befreiende und harmonisierende Wirkung.

Andere Lavendelarten Der echte Lavendel (Lavandula officinalis) wird angebaut oder wild gesammelt. Er hat einige wenige, kleine Blütchen, besonders reduziert in der Wildform. Das ätherische Öl ist noch stärker esterbetont, d. h. seine beruhigenden und ausgleichenden Wirkungen sind damit noch intensiver. Leider wird nur noch wenig davon angebaut und noch weniger davon wild gesammelt. Diese besonders hochwertigen und raren ätherischen Öle sollten ausschließlich therapeutisch eingesetzt werden. Der Ertrag von Lavendel, fein liegt bei ca. 0,5–1 %, der von wildem noch darunter. Auf Kinder wirken der feine und besonders der wilde Lavendel häufig zu „alt“ und zu vernünftig. Lavandin ist vergleichsweise „jung“, dafür dass er ein reifes Thema repräsentiert.

Anwendungsmöglichkeiten In der Hautpflege, sogar pur bei der lokalen Anwendung, oder verdünnt in fettem Öl bei Massagen, als Duftbad; zum Inhalieren, in Duftkompositionen als Parfums oder für die Duftlampe.

Anwendungseinschränkungen Keine bekannt, außer Antipathie natürlich.

Lavendel, Speik- *(Lavandula spica)*

Pflanzenbeschreibung Der Speiklavendel ist wie der feine Lavendel ein immergrüner Halbstrauch. Er zeichnet sich durch seinen dreiteiligen Spross aus.

Duftbeschreibung Sein Duft ist im Vergleich zu Lavendel viel höher, frischer und durchdringender, was primär auf den Oxyden beruht.

Duftwirkungen Durch seinen Oxydgehalt ist der Speiklavendel ein mildes, aber wirkungsvolles Öl für die Atemwege. Er hat eine schleimlösende Wirkung (expektorierend), ist jedoch im Unterschied zu Eukalyptus globulus durch seinen Anteil an Monoterpenol viel hautfreundlicher und „weicher“, auch im Sinne von kinderfreundlich. Speiklavendel ist sehr wirksam gegen Viren und bei Hustenanfällen.

Anwendungsmöglichkeiten Speiklavendel eignet sich gut für Inhalationen und für lokale Hautanwendungen.

Anwendungseinschränkungen Manche Chargen haben einen recht hohen Kampferanteil. Sie sind für schwangere Frauen und für Kleinkinder nicht geeignet.

Pflanzenfamilie:
Lippenblütler (Labiatae = Lamiaceae)
Vorkommen:
Frankreich, Spanien
Pflanzenteil:
blühendes Kraut
Gewinnung:
Destillation mit Wasserdampf
Ertrag:
0,5 %
Duftnote:
Kopfnote
interessante Inhaltsstoffe:
Linalol (Monoterpenol), 1,8-Cineol (Oxyd), Kampfer (Keton)

Lemongrass *(Cymbopogon citratus, C. flexuosus)*

Pflanzenbeschreibung Lemongrass ist eine halbhohe Grasart, die in den Tropen und den Subtropen wächst. Es ist eine einkeimblättrige Lichtpflanze, die sich mit der Erde über ihre Wurzelstöcke verbindet.

Duftbeschreibung Die Besonderheit der Duftgräser (auch Citronnelle und Palmarosa) liegt darin, dass sie es vermögen, recht fruchtige und blumige Düfte in ihren schlanken Graswedeln auszubilden. Im Falle des Lemongrass ist es, wie der Name bereits nahe legt, ein zitronenartiger Duft. Dieser riecht jedoch nicht so frisch-fruchtig-spritzig und auch nicht so „spitz“ wie die Essenz der Zitronenschale. Er offenbart bei aller Strahlkraft aufgrund der Aldehyde eine gewisse Weichheit und Lieblichkeit und zeigt durch seine botanische Herkunft einen etwas herben, grasartigen Unterton.

Duftwirkungen Die Wirkung des ätherischen Öls von Lemongrass wird in der Literatur sehr unterschiedlich dargestellt.

Pflanzenfamilie:
Süßgräser (Gramineae = Poaceae)
Vorkommen:
Ägypten, Brasilien
Pflanzenteil:
Gras
Gewinnung:
Destillation mit Wasserdampf
Ertrag:
1–2 %
Duftnote:
Kopfnote
interessante Inhaltsstoffe:
Neral, Geranial (Aldehyde) und Farnesol (Sesquiterpenole)

Die bekannte deutsche Aromatherapeutin Susanne Fischer-Rizzi beschreibt die Wirkung überwiegend als kühlend und anregend und ordnet sie daher Themen wie Konzentration und morgendlichem Schwung zu. Der zentrale französische Forscher und Aromatologe Pierre Franchomme formuliert die Wirkung vor allem als sehr stark sedierend (beruhigend bis schlaffördernd). Nur in Bezug auf die Verdauung spricht er von einer anregenden Wirkung. Bei der Eigenschaft gefäßverengend stimmen Autorin und Autor wieder überein und empfehlen es bei Bindegewebsschwäche und Cellulite. Außerdem führt Franchomme die entzündungshemmenden Eigenschaften auf. Die starke Aldehydbetonung spricht für eine überwiegend yinige, beruhigende und auch entzündungshemmende Qualität. Der Duft präsentiert das scheinbar Unmögliche: eine weiche Frische. Ich denke, dass genau hier die Stärke von Lemongrass liegt: frisch und lieblich zugleich, aufmunternd ohne aufzuregen, beruhigend ohne dumpf zu sein.

Anwendungsmöglichkeiten In der Hautpflege und in der Beduftung des Wohnraums, manchmal zum Aromatisieren von Speisen und Getränken.

Anwendungseinschränkungen Lemongrass kann empfindliche Haut irritieren, bitte vorher die Verträglichkeit testen.

Litsea *(Litsea cubeba)*

Pflanzenfamilie:
Lorbeergewächse (Lauraceae)
Vorkommen:
Malaysien, China
Pflanzenteil:
Frucht
Gewinnung:
Destillation mit Wasserdampf
Ertrag:
ca. 2 %
Duftnote:
Kopfnote mit einer Spur Herznote
interessante Inhaltsstoffe:
Neral und Geranial (Aldehyde), Limonen (Monoterpen)

Pflanzenbeschreibung Litsea, auch May Chang genannt, ist ein kleiner Baum, der aromatische Früchte, Blüten und Blätter hervorbringt. Da seine Früchte wie kleine Pfefferkörner aussehen, heißt er auch Chinesischer Pfeffer.

Duftbeschreibung Litsea ähnelt im Duft etwas der Zitrone, ohne dass es sich hierbei um eine Zitrusessenz handelt. Das ätherische Litsea-Öl verströmt einen frisch-fruchtigen Duft mit einem blumig-warmen Unterton. Dieser Duft entfaltet sich ohne zusätzliche Wärme und ist im Unterschied zur Zitrone weder wärmeempfindlich, noch oxydiert er leicht. Aufgrund seiner biochemischen Stabilität eignet sich Litsea, ähnlich wie Lemongrass oder

Citronnelle, zur Beduftung von Pflege- und Reinigungsprodukten, vermittelt aber eine florale Weichheit anstelle einer grasartigen Herbe. Es ist eindeutig yiniger.

Duftwirkungen Litsea hat olfaktorisch und wegen seiner aufmunternden Wirkung eine gewisse Ähnlichkeit zur Bergamotte. Es ist eine gute Alternative, wenn bei Hautbehandlungen die Lichtempfindlichkeit der Bergamotte vermieden werden soll.
Aufgrund seiner biochemischen Betonung auf den Aldehyden hat Litsea eine entzündungshemmende Wirkung und ist sehr beruhigend und entspannend. Chinesische Forschungsergebnisse berichten von einer Harmonisierung bei Herzrhythmusstörungen. In Japan sollen sogar Krebstumore damit behandelt werden.
Für die private Anwendung steht sicherlich die euphorisierende und entspannende Wirkung im Vordergrund. Der Zusammenhang zwischen Seele und Körper wird hier besonders deutlich.

Anwendungsmöglichkeiten In der Wohnraum-Beduftung, in der Hautpflege und Produkt-Beduftung.

Anwendungseinschränkungen Nicht bekannt.

Lorbeer *(Laurus nobilis)*

Pflanzenbeschreibung Der immergrüne Lorbeerbaum trägt dunkelgrüne, ledrige Blätter und schwarze Beeren. Im Volksmund nennt man ihn auch den Siegerbaum oder den Kranzbaum, da aus seinen Zweigen seit der Antike Siegerkränze geflochten werden. Bei den Römern galt er als Symbol von Weisheit und Ruhm, bei den Griechen für Heilung und Wahrsagung.

Duftbeschreibung Der Duft des ätherischen Lorbeeröls hat eine hohe und frische Komponente und einen kräftigen, sehr vielschichtigen Background, der blumige, waldige und würzige Elemente umfasst.

Duftwirkungen Entsprechend der Komplexizität des Dufteindrucks gestalten sich die Wirkungen, die überwiegend anregenden Charakter haben. Im körperlichen Bereich ist Lorbeer aufgrund seiner auswurffördernden (expektorierenden) Wirkung hilfreich bei grippalen Infekten. Er hat stark schmerzstillende Qualitä-

Pflanzenfamilie:
Lorbeergewächse (Lauraceae)
Vorkommen:
Mittelmeerraum und Balkan
Pflanzenteil:
Blätter
Gewinnung:
Destillation mit Wasserdampf
Ertrag:
1 %
Duftnote:
Kopf-Herz-Note
interessante Inhaltsstoffe:
1,8 Cineol (Oxyd), Linalol (Monoterpenol), Pinene (Monoterpene)

ten und wird in der französischen Aromatherapie bei Zahnschmerzen und Arthritis und Polyarthritis empfohlen. Wegen seiner krampflösenden Eigenschaften verwendet man ihn auch gerne bei Muskelkrämpfen. Im geistig-seelischen Bereich fördert Lorbeeröl den Ausgleich von Sympathikus und Parasympathikus. Er unterstützt das klare, reife Denken und ist sehr nervenstärkend.

Anwendungsmöglichkeiten Bei Atemwegserkrankungen ist die kühle Inhalation die geeignete Form, bei Schmerzen und Krämpfen die lokale Hautanwendung mit einem Trägeröl. Für die mentale Stärkung bietet sich die Kaltverdunstung an, für die allgemeine Befindlichkeitsstabilisierung Ganzkörperanwendungen (Duftbad oder Massage). Dosierungen nicht über I %.

Anwendungseinschränkungen Keine bekannt. Aufgrund der mentalen Betonung eher angebracht für Erwachsene.

Majoran *(Origanum majorana)*

Pflanzenbeschreibung Majoran (Origanum majorana) ist ein kleines, sonnenliebendes Kraut mit hellgrünen Blättchen und weiß-rötlichen Blüten. Sein wilder Verwandter, der Oregano (Origanum vulgare), hat etwas dunklere Blätter, die schärfer duften.

Duftbeschreibung Das ätherische Majoranöl hat einen kräftigen, würzig-krautigen Duft mit großer Wärme. Es erinnert stark an die provençalische bzw. italienische Küche.

Duftwirkungen Auf die Verdauung hat Majoran, wie alle Lippenblütler, einen anregenden Einfluss. Aber auf Geist und Seele wirkt er stark entspannend bis schlaffördernd.
Majoranöl vermag durch seinen gefäßerweiternden Einfluß den Blutdruck zu senken. Seine erwärmenden und schmerzstillenden Qualitäten sind ebenfalls sehr hilfreich bei schmerzhaften Muskelverspannungen sowie auch bei Rheuma oder Arthritis.

Majoran ist ein sehr wertvolles ätherisches Öl bei neurovegetativen Störungen wie Stress, innerer Unruhe und Beklemmung, Schwäche, auch Nervenschwäche, Schlafstörungen. Der wilde Majoran, Oregano, eignet sich aufgrund seiner Phenolbetonung weder für Hautanwendungen, noch für Kinder oder schwangere Frauen. Oregano wirkt sehr stark antiseptisch, beim Majoran ist dies durchschnittlich stark ausgeprägt. Majoran weist wegen seines hohen Terpineol-4-Gehaltes eine interessante Parallele zu Tea-Tree auf.

Pflanzenfamilie:
Lippenblütler (Labiatae = Lamiaceae)
Vorkommen:
Mittelmeerraum
Pflanzenteil:
Kraut zu Anfang der Blütezeit
Gewinnung:
Destillation mit Wasserdampf
Ertrag:
1 %
Duftnote:
Basisnote mit Herztendenz
interessante Inhaltsstoffe:
Terpinene (Monoterpene), Terpineol-4 und Thujanol (Monoterpenole)

Anwendungsmöglichkeiten Als Kraut oder ätherische Öl-fette Öl-Mischung im Essen.
Als ätherisches Öl im Massageöl oder im Duftbad

Anwendungseinschränkungen Keine bekannt.
Bitte die anaphrodisierende (anti-erogene) Wirkung berücksichtigen.

Mandarine *(Citrus reticulata)*

Pflanzenbeschreibung Der Mandarinenbaum ist ein immergrüner Zitrusbaum mit ledrigen Blättern und weißen Blüten, der in den Wintermonaten seine leuchtend orangefarbenen Früchte präsentiert. Nach dem anthroposophischen Botaniker Wilhelm Pelikan lautet das Thema der Familie der Zitrusgewächse: „Beherrscher tropischer Wärme“. Übersetzt heißt dies, dass die relativ dicke Zitrusschale das Ausufern des Fruchtsaftes einzugrenzen vermag.

Duftbeschreibung Die große Strahlkraft des süß-fruchtigen Duftes der Mandarine vermittelt eine heiter-fröhliche Stimmung und Assoziationen wie unbeschwerte Kindheit. Gleichzeitig animiert der Duft dazu, den passenden Saft zu trinken.

Duftwirkungen Die Duftbotschaft entspricht auch hier in weiten Teilen den Duftwirkungen. Mandarine ist ein beliebter Duft für Babys und Schwangere. Bei Babys wird es als sanftes Mittel bei Verdauungsstörungen und Schluckauf angewandt. Schwangeren Frauen hilft er, Schwangerschaftsstreifen zu verhindern. Mandarine hat aufgrund seines, wenn auch kleinen, Esteranteils eine entspan-

Pflanzenfamilie:
Rautengewächse (Rutaceae)
Vorkommen:
Italien, Spanien, Brasilien
Pflanzenteil:
Fruchtschale
Gewinnung:
Expression der Fruchtschale
Ertrag:
0,7 %
Duftnote:
warme Kopfnote
interessante Inhaltsstoffe:
Limonen (Monoterpen) und Ester in Spuren

nende und beruhigende Wirkung. Diese Essenz wird daher bei Aufregungen, Angstgefühlen und Schlaflosigkeit geschätzt.
In der Aromaküche ist sie eine willkommene Abwechslung um Süßspeisen zu aromatisieren.
Die Clementine (Citrus clementina) ist eine nahe Verwandte der Mandarine, die etwas frischer duftet. Wahrscheinlich entstand sie aus einer spontanen Kreuzung zwischen Mandarine und Pomeranze (Bitterorange). Die Tangerine ist eine kleine Varietät der Mandarine.
Manchmal ist sogar das Petitgrainöl des Mandarinenbaumes erhältlich, also das ätherische Öl, das überwiegend aus den Blättern gewonnen wurde.

Anwendungsmöglichkeiten In der Hautpflege, zur Wohnraumbeduftung in Kombination mit tieferen Duftnoten, in Parfums, zur Aromatisierung von Speisen und Getränken.

Anwendungseinschränkungen Keine bekannt.

Manuka *(Leptospermum scoparium)*

Pflanzenbeschreibung Manuka ist ein schnellwachsender und durchsetzungsfähiger immergrüner Strauch, der auch Baumhöhe erreichen kann. Er hat schmale harte Blättchen und blüht im Frühjahr sehr verschwenderisch. Manuka ist als traditionelles Heilmittel der Maoris bekannt und wird wild an der Eastcape geerntet.
Das Öl des Manuka zählt wie das des Tea-Tree (Melaleuca alternifolia) zu den Teebaumölen, es ist die liebliche, aber nicht weniger effiziente Alternative.

Duftbeschreibung Der Duft von Manuka ist sehr komplex: Er hat eine blumig-rosige und eine waldige Komponente, mit einer würzigen Basis. Im Vergleich zu Tea-Tree duftet er viel weicher, wärmer, yiniger. Dabei hat Manuka ähnliche Eigenschaften: Es ist antibakteriell, antiviral (gegen Viren) und antimykotisch (gegen Pilze). Da es eine sehr komplexe biochemische Struktur aufweist, ist es bei einigen Bakterien und Pilzen wesentlich wirksamer als das bekannte Tea-Tree-Öl: Die Wirksamkeit gegen den Hefepilz Candida albicans, an dem viele Menschen leiden, ist bei Manuka analog einer Studio doppelt so groß.

Aufgrund seines angenehmen Duftes, eignet sich Manuka auch gut für Kinder und sensible Erwachsene.

Pflanzenfamilie:
Myrtaceae (Myrtengewächse)
Vorkommen:
Neuseeland
Pflanzenteil:
Blätter
Gewinnung:
Wasserdampfdestillation
Ertrag:
0,5%
Duftnote:
Herznote
interessante Inhaltsstoffe:
beta-Caryophyllen und Cadinen (Sesquiterpene), Geraniol und Linalol (Monoterpenole), Geranylazetat (Ester), Pinene (Monoterpene), Leptospermon (Triketon)

Duftwirkungen Manuka hilft bei vielen Hautproblemen wie Ausschlägen, Ekzemen, Fußpilz und anderen Pilzerkrankungen, Schuppenflechte, aber auch bei Insektenstichen und zur Desodorierung.
Außerdem ist Manuka ein psychisch wirksames ätherisches Öl: Es ist sehr nervenstärkend, ausgleichend und beruhigend. Manuka ist ein wertvoller Helfer bei Stress und Überreizung. Es regt die Widerstandskraft auf allen Ebenen an. Aufgrund des hohen Sesquiterpengehaltes hat Manuka Pheromoncharakter, d.h. es erhöht die menschliche Duftproduktion und damit die Ausstrahlungskraft.

Anwendungsmöglichkeiten Diese sind so vielseitig wie der Duft selbst: inhalieren am Fläschchen, einatmen über die Duftlampe, im Shampoo und Duschgel, im Körper- und Massageöl, als Teil- oder Vollbad – je nach Thema.

Anwendungseinschränkungen Während Tea-Tree-Öl in Ausnahmefällen auch einmal pur für eine lokale Anwendung benutzt wird, sollte Manuka immer mit einem Trägeröl vermischt werden.

Melisse *(Melissa officinalis)*

Pflanzenbeschreibung Die Melisse, wegen ihres frischen Duftes auch Zitronenmelisse genannt, wächst in vielen heimischen Gärten. Sie hat zarte, hellgrüne, gezähnte Blätter und kleine weiße Blütchen. Man kann sie frisch im Salat essen oder zum Tee aufbrühen. Beim Trocknen verliert sie sehr schnell von ihrem kostbaren Duft.
Melisse wird überwiegend in Frankreich angebaut, da hier die Pflanzen einerseits genügend Wasser haben und andererseits viel Sonnenenergie speichern können. Sie muss direkt nach dem Ernten – zum Teil bereits auf dem Feld – destilliert werden.

Pflanzenfamilie:
Lippenblütler (Labiatae = Lamiaceae)
Vorkommen:
Frankreich
Pflanzenteil:
Kraut
Gewinnung:
Destillation mit Wasserdampf
Ertrag:
0,01 %
Duftnote:
Kopfnote mit Herztendenz
interessante Inhaltsstoffe:
beta-Caryophyllen (Sesquiterpen), Neral und Geranial (Aldehyde)

Duftbeschreibung Das ätherische Öl der Melisse duftet sehr zart, zitronig-frisch, mit einem blumig-krautigen Einschlag. Es hat bei aller Frische einen weichen, sanften Charakter.

Duftwirkungen Die körperliche Wirkung liegt vor allem in der entzündungshemmenden Qualität der Pflanze. Melisse wirkt beruhigend bei Rhythmusstörungen der Atmung und der Herztätigkeit und wird daher auch bei Schockzuständen eingesetzt.
Im Vordergrund stehen die wertvollen seelisch-geistigen Wirkungen dieses Öls: Es wirkt sehr beruhigend und harmonisierend auf die Gefühlslage. Es hilft bei Nervenkrisen, nervöser Anspannung und depressiver Verstimmung. Bei dramatischen Lebenssituationen wie Unfällen, akuten Krankheiten oder Tod ist es, ähnlich wie die Notfall-Tropfen aus dem System der Bachblüten, ein Erste-Hilfe-Mittel, das hilft, sein inneres Gleichgewicht wieder zu finden und das Erlebte zu verarbeiten.
Echtes Melissenöl ist ähnlich kostbar, sowohl therapeutisch als auch finanziell gesehen, wie Rosenöl. Jedes Tröpfchen repräsentiert eine Vielzahl von Pflanzen. Auf dem Markt befindet sich sehr viel Pseudo-Öl, Melisse indicum genannt. Es ist meist Citronnelleöl und mit echter Melisse weder botanisch noch therapeutisch zu vergleichen. Der Vorteil des echten Melissenöls liegt auch darin, dass bereits feinste Dosierungen (0,1–0,5 %) sehr schöne Resultate initiieren können.

Anwendungsmöglichkeiten Bei Wärmezufuhr leidet der zarte Melissenduft. Für die Anwendung in der Duftlampe und selbst im warmen Duftbad erachte ich die echte Melisse als zu kostbar. Ich empfehle ein Fläschchen in der Handtasche für Notfälle bei sich zu tragen, um direkt zu inhalieren. Zur allgemeinen seelischen Stabilisierung eignet sich Melisse im Körperöl.

Anwendungseinschränkungen Inwieweit eine Photosensibilisierung (Erhöhung der Lichtempfindlichkeit) von Melissenöl ausgehen kann, wird kontrovers diskutiert. Ich konnte bislang keine beobachten, würde sie jedoch auch nicht bei einer empfindlichen Haut provozieren. Am besten ist es, die Hautverträglichkeit vor Anwendung in der Ellenbogenbeuge zu prüfen.

Muskatellersalbei *(Salvia sclarea)*

Pflanzenbeschreibung Muskatellersalbei ist ein mehrjähriges Kraut, das im Unterschied zu anderen Salbeiarten recht hoch (bis zu zwei Meter) wächst. Der Muskatellersalbei zeichnet sich durch große, breit-ovale, behaarte Blätter und hohe rispig organisierte Blütenstände aus, die in den Farben Weiß, Rosé und Lila changieren. In einem Muskatellersalbei-Feld zu stehen, ist sowohl von den Farben als auch von den Düften sehr berauschend.

Duftbeschreibung Der Duft von Muskatellersalbei ist entsprechend seiner biochemischen Komplexität (mehr als 250 Inhaltsstoffe sind bislang bekannt) sehr fassettenreich: Er präsentiert sich mit einer hellen, sehr hochschwingenden, geradezu sphärischen Komponente, einer floralen Mitte und einem heuigen Background. Der Gesamteindruck ist beflügelnd und erhebend.

Duftwirkungen Dem Dufterlebnis entspricht die psychische Wirkung von Muskatellersalbei: Er beflügelt die Phantasie, wirkt euphorisierend und erheiternd. Er hilft bei vielen Formen von Spannungszuständen und Stress. Damit kann er bei so unterschiedlichen Themen wie Kopfschmerzen und Migräne, sexueller Unlust, Verdauungsbeschwerden oder Schlaflosigkeit das Mittel der Wahl sein.
Eine biochemische Besonderheit im Muskatellersalbei stellt der mengenmäßig geringfügige, aber therapeutisch hochwirksame Anteil an Sklareol dar. Es hat eine östrogenartige Wirkung und ist damit bei allen weiblichen Zyklusschwankungen und -beschwerden von großer Bedeutung. Einsatzgebiete sind: PMS (Prämenstruelles Syndrom, d.h. die unwohlen Tage vor den Regelblutungstagen), das Ausbleiben der Regel oder unrhythmische Abstände zwischen den Blutungen… Wichtig ist, dass Muskatellersalbei ausschließlich in der östrogenbetonten Phase des Zyklusses angewandt wird, also zwischen Regelblutung und Eisprung. Danach widerspricht es der hormonellen Steuerung völlig. Falls die Regel sehr unregelmäßig kommt, legen Sie den Mondrhythmus zu Grunde. Beginnen Sie am 4. Tag nach Neumond und enden Sie an Vollmond.

Pflanzenfamilie:
Lippenblütler (Labiatae = Lamiaceae)
Vorkommen:
Frankreich, Spanien
Pflanzenteil:
blühendes Kraut
Gewinnung:
Destillation mit Wasserdampf
Ertrag:
1 %
Duftnote:
Kopfnote mit Tendenz zur Herznote
Interessante Inhaltsstoffe:
Linalylazetat (Ester), Linalol (Monoterpenol) und Sclareol (Diterpenol)

Anwendungsmöglichkeiten Zur Inspiration in der Duftlampe oder als Parfum, als Körper- und Massageöl oder als Duftbad.

Anwendungseinschränkungen Muskatellersalbei sollte nicht mit Alkohol genossen werden. Bei dieser Kombination besteht die große Gefahr, dass das rauschartige Erleben in Richtung Alptraum entgleist. Bei Frauen auf die östrogenbetonte Zyklusphase achten.

Myrrhe *(Commiphora myrrha, C. molmol)*

Pflanzenbeschreibung Die Myrrhe ist je nach Artbezeichnung ein robuster, meist wildwachsender Strauch, der auch Baumgröße erreichen kann. Er trutzt den harten klimatischen Bedingungen der Wüste mit seinen knorrigen Ästen, seinen spitzen Dornen und kleinen Blättchen. Eventuelle Verletzungen der Rinde schließt der Baum mit der Produktion von Harzklümpchen. Durch Anritzen wird die Harzproduktion erhöht.

Duftbeschreibung Der Duft von Myrrhenöl ist recht streng bis bitter, mit einer würzig-balsamischen Unternote. Seine Konsistenz ist auch nach dem Destillationsprozess sehr zähflüssig und klebrig. Zur Dosierung benutzen Sie am besten ein Glasstäbchen. In der Badewanne oder der Duftlampe hinterlässt das Myrrhenöl dunkle, klebrige Spuren, die sich leicht mit hochprozentigem Putzalkohol entfernen lassen.

Pflanzenfamilie:
Balsambaumgewächse/Weihrauchgewächse (Burseraceae)
Vorkommen:
Somalia
Pflanzenteil:
Harz
Gewinnung:
zuerst Extraktion (Resinoid), dann Destillation mit Wasserdampf
Ertrag:
8 % vom Resinoid
Duftnote:
leichte Basisnote
interessante Inhaltsstoffe:
Elemene und Copaen (Sesquiterpene)

Duftwirkungen Die Hauptwirkung des ätherischen Myrrhenöls entspricht seiner Entstehungsgeschichte: Seine wundheilende Wirkung entfaltet sich, wie bei der Pflanze selbst, auch bei Mensch und Tier.
Diese typischen Harz-Qualitäten teilt die Myrrhe mit dem Weihrauch, der zur gleichen Gattung gehört. Benzoe und Elemi zählen auch zu den Harzen und haben einen lieblicheren Duft.
Myrrhe zählt damit zu den besonders hautfreundlichen ätherischen Ölen. Kosmetisch wird es auch bei Falten eingesetzt, therapeutisch bei Ekzemen. Ein weiterer Anwendungsschwerpunkt

beruht auf der fungiziden (pilztötenden) Wirkung von Myrrhe. Für den Vaginalbereich bieten sich hier Sitzbäder an.
Der Verwendung von Myrrhe in Zahnpasten und Mundwässern liegt die entzündungshemmende Wirkung zu Grunde. Etwas Myrrhetinktur kann wertvolle Dienste bei Zahnfleischentzündungen und Mundinfektionen leisten. Außerdem hat Myrrhe einen positiven Einfluß auf das Immunsystem und bei Erkrankungen der Atemwege wie Bronchitis oder Husten.
Geistig-psychisch gesehen zählt Myrrhe zu den meditationsunterstützenden Duftstoffen.

Anwendungsmöglichkeiten Sie sind so vielfältig wie die Duftwirkungen. In der Duftlampe kombiniert mit anderen ätherischen Ölen, in der Haut- und Mundpflege. In der Mundpflege vermittelt der Zusatz von Minze einen angenehmeren Geschmack.

Anwendungseinschränkungen Manche AutorInnen empfehlen Myrrhe wegen ihrer Uteruswirksamkeit nicht während der Schwangerschaft einzusetzen.

Niaouli *(Melaleuca viridiflora)*

Pflanzenbeschreibung Der Niaoulibaum ist ein immergrüner Baum mit spitzen, nadeligen Blättern und einem biegsamen Stamm. Er gehört wie Tea-Tree und Cajeput zur Gattung der Melaleuca-Bäume und zeigt sowohl einige botanische und olfaktorische als auch therapeutische Parallelen auf.

Duftbeschreibung Sein Duft hat eine klare, helle Komponente, die an Eukalyptus (globulus) erinnert, eine waldige Ebene, die Kiefernbäume vermuten lässt und eine ganz eigene, etwas sonderbar herbe Dimension, die die Originalität von Niaouli ausmacht.

Duftwirkungen Die medizinisch-körperliche Bedeutung des Niaouliöls ist sehr breit gefächert: Es hat antibakterielle, fungizide (pilztötend, z.B. bei Candida), antivirale (bei

Pflanzenfamilie:
Myrtengewächse (Myrtaceae)
Vorkommen:
Madgaskar, Australien, Neukaledonien
Pflanzenteil:
Blätter
Gewinnung:
Destillation mit Wasserdampf
Ertrag:
1–2 %
Duftnote:
Kopfnote
interessante Inhaltsstoffe:
Pinene (Monoterpene), Viridiflorol (Sesquiterpenol), 1,8-Cineol (Oxyd)

Viruserkrankungen wie Herpes) und antiinfektiöse Eigenschaften (z. B. gegen Infektionen der Harnwege). Da es im Unterschied zu Cajeput sehr hautfreundlich ist, sind Bäder und Waschungen der betroffenen Hautpartien, auch der Schleimhäute hilfreich. Außerdem erleichtert Niaouli durch seinen Oxyd-Anteil das Abhusten von Schleim (expektorierend) aus den oberen Atemwegen und regt das Immunsystem an.
Durch seinen Viridiflorol-Anteil verfügt es zusätzlich über östrogenähnliche Wirkungen.
Selbst vor Strahlenbehandlungen bei Krebs wird eine lokale Anwendung von Niaouli empfohlen.

Anwendungsmöglichkeiten Inhalation, Waschungen, Spülungen, Bäder, lokale Hautanwendungen.

Anwendungseinschränkungen Wegen seiner hormonähnlichen Wirkung nicht bei schwangeren Frauen und bei Kindern.

Orange, süß *(Citrus aurantium var. dulcis)*

Pflanzenbeschreibung Der Orangenbaum ist ein immergrüner mediterraner Baum, der im Winter die Sonnenkraft einfängt, sie zuerst in wunderschöne, duftende Blüten und dann in süße, saftige Früchte verwandelt.

Pflanzenfamilie:
Rautengewächse (Rutaceae)
Vorkommen:
Italien, Spanien, Israel
Pflanzenteil:
Fruchtschale
Gewinnung:
Expression der Fruchtschale
Ertrag:
0,3 %
Duftnote:
süße Kopfnote
interessante Inhaltsstoffe:
Limonen (Monoterpen), n-Decanal (Aldehyd)

Duftbeschreibung Der Duft der Orangenschale ist allen als süß-fruchtig und spritzig bekannt. Er weckt Assoziationen an Weihnachten, Kindheit und natürlich auch an den Saft.

Duftwirkungen Im Unterschied zur frischen-spitzen, eher mental geprägten Zitrone hat die Orange weiche, warme, runde und damit eher seelische Qualitäten. Während die Zitrone anregt, beruhigt die Orange, jeweils auf ihrem frisch-fruchtigen Hintergrund.
Auf der körperlichen Ebene wird das Orangenöl meist zur Harmonisierung der Verdauung (bei Verstopfung und Durchfall!) angewandt. Besonders für Babys und Kleinkinder ist dies eine sanfte Alternative zu herberen, zu starken Kräuterölen. Die Orangen-Essenz hat in zarter

Dosierung regenerierende Hautfunktionen und wirkt erwärmend. Dies kann durch die dezente Kombination mit Gewürzölen wie z. B. Zimt noch verstärkt werden.
Orangenöl vermittelt eine heitere, unbeschwerte, kindliche Stimmung und wird daher auch zur Stimmungsaufhellung eingesetzt. Es ist sehr wärmeempfindlich und oxydiert leicht.

Anwendungsmöglichkeiten In der Duftlampe sollten Sie das sehr flüchtige Orangenöl immer mit tieferen ätherischen Ölen kombinieren. Sie können es in Bädern und in Hautölen oder in fruchtigen Parfumkompositionen verwenden. Ein weiteres, sehr nahe liegendes Einsatzgebiet ist die Aromatisierung von Speisen und Getränken.

Anwendungseinschränkungen Wegen seiner photosensibilisierenden Wirkung nicht mit Sonnenbädern kombinieren.

Palmarosa *(Cymbopogon martinii)*

Pflanzenbeschreibung Das Palmarosa-Gras ist ein Vertreter der tropischen Duftgräser, ebenso wie Citronnelle und Lemongrass. Diese Süßgräser vermögen es, in ihren meterhohen Graswedeln fruchtige bzw. blumige Duftstoffe zu entwickeln.

Duftbeschreibung Wie der Name Palmarosa bereits andeutet, duftet dieses Gras rosenähnlich. Es enthält mehr Geraniol als die Geranie oder die Rose selbst. Da es wesentlich preisgünstiger und aufgrund seiner Inhaltsstoffe therapeutisch recht wertvoll ist, bieten sich hier viele Einsatzmöglichkeiten. Der Duft von Palmarosa mag erstmal typisch rosig riechen, lässt jedoch bei näherem „Hinriechen" seinen grasartigen Background erkennen.

Duftwirkungen Die Wirkungen von Palmarosa sind hochinteressant. Leider wird dies bisher kaum realisiert.
Auf der körperlichen Seite stehen die antivirale, die fungizide und die antibakterielle Qualität im

Pflanzenfamilie:
Süßgräser (Gramineae)
Vorkommen:
Madagaskar, Indien, Brasilien
Pflanzenteil:
Gras vor der Blüte
Gewinnung:
Destillation mit Wasserdampf
Ertrag:
1–1,5 %
Duftnote:
Herznote
interessante Inhaltsstoffe:
Geraniol (Monoterpenol), Geranylformiat und Geranylazetat (Ester)

Vordergrund. Besonders durch Bakterien oder Viren ausgelöste Dünndarmentzündungen werden mit Palmarosa behandelt. Aber auch für Hauttherapien ist Palmarosa oft das Mittel der Wahl: bei Akne, Ekzemen und Dermatitis. Da es sehr hautpflegend und harmonisierend wirkt, eignet es sich hervorragend für die alltägliche Hautpflege. Aufgrund der Inhaltsstoffe (Monoterpenole und Ester) ist Palmarosa auch seelisch sehr wertvoll. Es entspannt, ohne schläfrig zu machen und es regt die Nerven an, ohne aufzuregen. Damit eignet sich Palmarosa sehr gut bei stressbedingten Spannungszuständen. Die Zuordnung „Herznote" ist bei Palmarosa übrigens sehr wörtlich zu nehmen: Es regt die körperlich-seelischen Herzkräfte an.

Anwendungsmöglichkeiten Durch die phantastische Hautfreundlichkeit stehen alle Möglichkeiten offen; in Kompositionen für die Duftlampe und für Parfums ist es eine sehr harmonische Herznote.

Anwendungseinschränkungen Keine bekannt.

Patchouli *(Pogostemon patchouli)*

Pflanzenbeschreibung Der Patchouli-Halbstrauch ist ein ungewöhnlicher Vertreter der Familie der Lippenblütler. Während die mediterranen Lippenblütler beliebte Kücherkräuter sind, spielt das herbe, erdige Patchoulikraut eine exotische Sonderrolle. Aufgrund der Intensivität und Tiefe dieses Duftes liegt eher die Vermutung nahe, es würde sich hier um eine Wurzel handeln.

Pflanzenfamilie:
Lippenblütler (Labiatae = Lamiaceae)
Vorkommen:
Indien, Indonesien, Madagaskar
Pflanzenteil:
Gras
Gewinnung:
Destillation mit Wasserdampf
Ertrag:
bis 3 %
Duftnote:
Basisnote
interessante Inhaltsstoffe:
Gaiene und Bulnesene (Sesquiterpene), Patchoulol (Sesquiterpenol)

Duftbeschreibung Der Duft des Patchouliöls hat eine sehr spezifische orientalisch-geheimnisvolle Qualität. Die meisten Menschen assoziieren mit diesem Duft „Indien-Klamotten" und die Hippie-Zeit. Diese Vorstellungen oder auch Erfahrungen sind nach meiner Beobachtung selten positiv geprägt. Zum einen mag hier der kulturelle Hintergrund eine Rolle spielen, zum anderen die jeweilige Zeitqualität. Patchouli zählt zu den stärksten Basisnoten, die uns aus dem Pflanzenreich zur Verfügung stehen. Es hat beinahe eine animalische Qualität. Ein einziges Tröpfchen Patchouliöl vermag sich von Tag zu Tag zunehmend mehr gegen z.B. 20 Tropfen Orange durchzusetzen. Patchouli ist wirklich ein bemerkenswertes Fixativ und sollte in seiner Durchsetzungskraft nicht unterschätzt werden.

Duftwirkungen Die körperliche Stärke von Patchouli liegt vor allem bei ihrer venenstärkenden Wirkung. Daher wird es aromatherapeutisch bei Krampfadern und Hämorroiden eingesetzt.
Außerdem wirkt es regenerierend und entzündungshemmend auf die Haut und wird z.B. bei Akne angewandt. Wegen seines strengen bis penetranten Geruchs sollte es – außer man/frau liebt diesen Duft pur – mit einer Herz- und einer Kopfnote kombiniert werden. Dies können z.B. Geranie und Bergamotte sein. Die zentrale seelisch-geistige Qualität von Patchouli liegt auf seiner enormen erdenden und zentrierenden Kraft. Das ätherische Patchouliöl unterstützt dabei, in die Tiefe zu gehen, zu seinen Wurzeln vorzudringen, das Unterbewusstsein anzusprechen. Es unterstreicht die meditative Kontemplation. Dies ist jedoch nur möglich, wenn der Duft selbständig ausgewählt werden kann.

Anwendungsmöglichkeiten In Kombination mit einer Herz- und einer Kopfnote für die Duftlampe oder in Parfums oder Hautpflegeprodukten.
In Indien wird es wegen seiner Insekten abwehrenden Wirkung bei Textilien als Schutz vor Motten angewendet.

Anwendungseinschränkungen Keine bekannt.

Pfeffer, schwarz und grün *(Piper nigrum)*

Pflanzenbeschreibung Der immergrüne tropische Pfefferstrauch ist eine mehrjährige Kletterpflanze, die zunächst grüne und im reifen Zustand rote Früchte trägt. Für die Destillation werden die unreifen, grünen Samen geerntet. Bei direkt anschließender Destillation entsteht das grüne Pfefferöl. Häufig werden die grünen Früchte in der Sonne getrocknet, reifen damit nach und verfärben sich schwarz. Aus diesen getrockneten Körnern, wie sie auch in der Pfeffermühle verwendet werden, wird dann das schwarze Pfefferöl destilliert.

Duftbeschreibung Das grüne Pfefferöl duftet kräftig, würzig-warm mit einer strengen Note. Es schwingt höher und heller im Vergleich zum schwarzen Pfefferöl, das einen tieferen, dunkleren Geruch entwickelt.

Pflanzenfamilie:
Pfeffergewächse (Piperaceae)
Vorkommen:
Madagaskar, Indien, Brasilien
Pflanzenteil:
Frucht
Gewinnung:
Destillation mit Wasserdampf
Ertrag:
1–2 %
Duftnote:
Herznote
interessante Inhaltsstoffe:
beta-Caryophyllen, alpha-Humulen (Sesquiterpene)

Duftwirkungen Der körperliche Aspekt der Duftwirkung liegt vor allem bei der verdauungsstärkenden und der schmerzstillenden Eigenschaft. Bei Hautanwendungen hat das ätherische Pfefferöl eine kräftig erwärmende Funktion. Bitte dezent dosieren, damit aus der Erwärmung keine Überreizung wird.
Für die Psyche ist Pfefferöl ein kräftiger Stimulus in Richtung Schwung, Tempo und Energie. Damit eignet es sich auf der körperlichen wie auch auf der geistig-seelischen Ebene für Sportlerinnen und Sportler: Es erwärmt die Muskeln und feuert das Durchhaltevermögen und den Kampfgeist an.
In der Parfümerie wird Pfefferöl in Herrennoten eingesetzt und in der Küche zur Aromatisierung.

Anwendungsmöglichkeiten Duftlampe, Parfümerie, (Sportler-)Massage.

Anwendungseinschränkungen Für Kinder zu scharf, für Erwachsene nur in zarten Dosierungen. Sehr hauterwärmend bis hautreizend, daher bei Hautanwendungen max. 1 %-Dosierungen, am besten in Kombination mit hautfreundlichen Ölen.

Ravensara *(Ravensara aromatica)*

Pflanzenbeschreibung Der bis zu 20 m hohe Ravensarabaum wächst in den tropischen Regenwäldern von Madagaskar. Sein Name ist abgeleitet von den einheimischen Wörtern ravina (Blätter) und tsara (gut) und bedeutet damit „gute Blätter". In gewisser Weise ist Ravensara damit auch einer der „Teebäume", eben derjenige aus Madagaskar. Seine Zugehörigkeit zu den Lorbeergewächsen ist sichtbar: Ravensara hat Ähnlichkeit mit unserem europäischen Lorbeerbaum, wobei die Blätter von Ravensara etwas größer sind.
Von französischen Aromatherapeuten wird Ravensara als ähnlich multifunktional und unverzichtbar wie Lavendel angesehen. Leider ist dieses ätherische Öl in Deutschland noch kaum bekannt.

Duftbeschreibung Der Duft von Ravensara ist hell, frisch und klar, mit einer waldigen Note und einem weichen, lieblichen Hintergrund. Er lässt tief einatmen und befreit durchatmen. Im Unterschied zu Eukalyptus oder auch Lorbeer hat Ravensara einen warmen Hintergrund, der die Frische „abrundet", sympathischer macht.

Pflanzenfamilie:
Lorbeergewächse (Lauraceae)
Vorkommen:
Madagaskar, La Réunion
Pflanzenteil:
Blätter an jungen Zweigen
Gewinnung:
Destillation mit Wasserdampf
Ertrag:
0,5%
Duftnote:
Herznote
interessante Inhaltsstoffe:
1,8-Cineol (Oxyd), Pinene (Monoterpene), Terpenylazetat (Ester)

Duftwirkungen Medizinisch wird Ravensara meist bei Grippe eingesetzt, da es sehr wirksam gegen Viren ist und auswurffördernd (expektorierend) wirkt. Es ist sehr immunstabilisierend. Auch bei Gürtelrose verwenden französische Aromatherapeuten Ravensara.
Im geistig-seelischen Bereich ist die nervenstärkende und gehirnanregende Wirkung von Ravensara besonders bemerkenswert. Ravensara regt körperlich, geistig und seelisch müde Menschen an. Das Haupteinsatz-Gebiet ist die Schlaflosigkeit. Dies mag erstmal aufgrund der überwiegend tonisierenden (anregenden) Wirkung von Ravensara verwundern. Zum einen trägt die gedankliche Klärung, die Ravensara unterstützt, zu einem leichteren Einschlafen bei. Zum anderen ist manchmal auch das physische Energielevel bei Übermüdung zu niedrig, um einzuschlafen, und es braucht zuvor eine dezente Anregung, um das Normalniveau zu erreichen. Und last, not least wirkt Ravensara durch die Nervenstärkung ausgleichend. In Kombination mit Lavendel ist Ravensara ein phantastisches Öl bei Stress. Ravensara ist für seinen hohen Oxydgehalt überdurchschnittlich hautfreundlich.

Anwendungsmöglichkeiten Kaltverdunstung, als Badezusatz oder im Körper- und Massageöl.

Anwendungseinschränkungen Keine bekannt.

Rose *(Rosa centifolia, R. damascena)*

Pflanzenbeschreibung Die Wildform der Rose ist die Hecken- oder Hundsrose (Rosa canina), ein dorniger Strauch mit duftenden roséfarbenen Blüten. Aus der Heckenrose wurden die uralten Kulturformen der Damaszener und der Provence Rose (Rosa centifolia) gezüchtet. Miteinander repräsentieren sie nach dem Botaniker Wilhelm Pelikan das Motto: edles Maß innerhalb großer Fülle.

Sie vermitteln Sinnlichkeit und Sittlichkeit zugleich. Die Rose als „Königin der Blumen" offenbart den edelsten und harmonischsten aller Düfte überhaupt.

Besonderheiten Die Kostbarkeit des Duftes zeigt sich auch im Preis. Er ist vor allem durch den gigantischen Konzentrationsprozess bedingt: Ein Tröpfchen Rosenöl beinhaltet die Kraft und Schönheit von durchschnittlich 50 voll erblühten Rosenblüten. Dementsprechend sparsam gestaltet sich die Dosierung. Mit einem Tröpfchen echtem Rosenöl, das übrigens „nur" 2 DM/SFr kostet und immerhin 50 üppige Blüten repräsentiert, lässt sich gut eine Creme oder ein Massageöl (20 ml) beduften. Aufgrund des vergleichsweise hohen Preises wird Rosenöl manchmal entweder offiziell oder auch inoffiziell (Betrug!) durch andere ätherische Öle mit ähnlichen Inhaltsstoffen wie Palmarosa oder Rosengeranie ersetzt. In der Riechstoff-Industrie wird synthetisches Rosenöl produziert, das nur ein Tausendstel des natürlichen kostet, da es aus Erdöl statt aus Rosen hergestellt wurde. Eine geschulte Nase verwechselt die verschiedenen Qualitäten nicht. Um als Laie etwas Sicherheit zu erlangen, können Sie das Rosenöl im Kühlschrank testen. Wenn die Rosenwachse ausfallen, d.h. das Rosenöl fest wird, ist die Wahrscheinlichkeit groß, dass Sie ein natürliches erworben haben.

Duftbeschreibungen Der Duft des echten Rosenöls ist sehr poetisch: blumig-zart, harmonisch-weich, sanft-sinnlich, mit einer frischen Note, die darüberschwingt, und einer würzigen Note im Hintergrund. Das Rosenöl ist die Herznote der Herznoten! Sie steht auch sehr gut alleine, da sie bereits hochdifferenziert (300 bekannte Inhaltsstoffe) und formvollendet ist. Die edelste Rosenart ist die Damaszener Rose. Sie wird in unterschiedlichen Ländern angebaut. Der Duft der türkischen Rose ist leichter, derjenige der bulgarischen Rose voller und schwerer. Die marokkanische Rose nimmt eine Mittelstellung ein.

Pflanzenfamilie:
Rosengewächse (Rosaceae)
Vorkommen:
Türkei, Marokko, Bulgarien, Indien
Pflanzenteil:
Blüte
Gewinnung:
Destillation mit Wasserdampf
Ertrag:
0,01 % bei der Rosa damascena und 0,1 % bei der Rosa centifolia
Duftnote:
die Herznote per se
interessante Inhaltsstoffe:
Citronnellol und Geraniol (Monoterpenole), Paraffine, Geranylazetat (Ester)

Duftwirkungen Die Wirkung echten Rosenöls entspricht ihrem Duft: Sie spricht das Herz an, sowohl körperlich gesehen bei nervösen Herzbeschwerden als auch seelisch-geistig: als Aphrodisiakum oder bei Herzeleid wie Trauer und Enttäuschung. Die sehr weibliche Qualität des Rosenöls prädestiniert sie für zentrale Bereiche der Frauenheilkunde: zur

Tonisierung der Gebärmutter, zur Regulierung von unregelmäßigem Zyklus, als gefühlvolle und dezente Aufmunterung während der Wochenbett-Depression. Sie unterstützt ein positives weibliches Selbstverständnis bei Frauen und hilft Männern, ihre weibliche Seite zu entwickeln.
Die besonders seelisch wertvollen ätherischen Öle sind immer auch die besonders hautpflegenden. Dies gilt bei der Rose in ganz besonderem Maße. Sie wirkt harmonisierend auf jeden Hauttyp, eignet sich sehr gut für die Verwöhn-Pflege von Liebenden und Babys, während der Schwangerschaft und bei Hautproblemen wie Allergien, Entzündungen und Couperose.
Für die Hautpflege im wässrigen Bereich (z. B. Kompresse, Bad, Gesichtwasser) empfehle ich das Rosenblütenhydrolat. Sie können es auch in der Küche zur Marzipanherstellung benutzen.

Anwendungsmöglichkeiten In der Körper- und Hautpflege in ganz zarten Dosierungen (0,5%). Für die Duftlampe verwende ich, da es sich auch um eine „wässrige Anwendungsform" handelt, das Rosenhydrolat.

Anwendungseinschränkungen Keine bekannt.

Rosmarin *(Rosmarinus officinalis)*

Pflanzenbeschreibung Der immergrüne, mehrjährige Rosmarinstrauch wächst rund um das Mittelmeer. Besonders auffällig sind seine beinahe zu Nadeln reduzierten Blättchen und seine zarten blauen Blütchen. Er ist ein typisches mediterranes Küchenkraut. Bei unterschiedlichen klimatischen Bedingungen und Bodenbeschaffenheiten entwickelt der Rosmarin unterschiedliche Duftnoten.

Duftbeschreibung Das Rosmarinöl aus Marokko und Tunesien riecht sehr streng und scharf nach Kampfer. Es ist ein einfacher und preisgünstiger Duft, der in der Aromatherapie eher eine bescheidene Rolle spielt. Der spanische bzw. portugiesische Rosmarin verkörpert die typischen Rosmarintugenden wie Klarheit, Frische und Dynamik. Er ist ein sehr „jugendlicher" Vertreter. Etwas „runder" und weniger ungestüm ist der französische Borneol-Rosmarin, der sich auch sehr gut für Hautanwendungen eignet. Der korsische Rosmarin schließlich ist der „reifste": Er duftet recht waldig.

Duftwirkungen Auf der körperlichen Ebene wirkt Rosmarinöl sehr anregend auf den Kreislauf und eignet sich daher gut für morgendliche Waschungen oder

Pflanzenfamilie:
Lippenblütler (Labiatae = Lamiaceae)
Vorkommen:
Frankreich, Spanien, Portugal, Marokko, Tunesien
Pflanzenteil:
blühendes Kraut
Gewinnung:
Destillation mit Wasserdampf
Ertrag:
1 %
Duftnote:
Kopfnote
interessante Inhaltsstoffe:
abhängig vom Chemotyp Kampfer (Keton) beim nordafrikanischen Rosmarin,
1,8-Cineol (Oxyd) beim spanischen und portugiesischen,
Borneol (Monoterpenol) beim französischen und
Bornylazetat (Ester) und Verbenon (Keton) beim korsischen Rosmarin

Körperöle. Auch im Shampoo leistet Rosmarin gute Dienste: Es belebt die Kopfhaut und regt die natürlichen Funktionen an. Außerdem hilft Rosmarin Muskelverspannungen aufzulösen.
Auf die Psyche wirkt Rosmarin sehr strukturierend-klar. Wenn Sie sich kopflos und in Emotionen verstrickt fühlen, dann kann Ihnen diese besondere Kopfnote wieder mit Pflanzenkräften „den Kopf zurechtrücken". Rosmarin ist ein sehr mentales Öl. Es unterstützt das klare und vernünftige Denken und fördert das Erinnerungsvermögen. Damit eignet sich Rosmarin sehr gut zur Anregung beim Lernen, Studieren und für Computer-Arbeiten.

Anwendungsmöglichkeiten Zur kalten Inhalation am Fläschchen oder zur Wohnraum-Beduftung mit einem Kaltverdunster, in Körperpflegeprodukten und Massageölen.

Anwendungseinschränkungen Nicht bei Bluthochdruck. Bei hohem Ketongehalt nicht für schwangere Frauen und Babys.
Bitte treffen Sie die Auswahl nach biochemischen Gesichtspunkten und abhängig vom Alter.

Sandelholz, Mysore, „ostindisch" *(Santalum album)*

Pflanzenbeschreibung Der immergrüne Sandelholzbaum wächst ausschließlich in der Region Mysore in Indien. Er wird in Plantagen angebaut; sein Holz wird für die Fertigung kostbarer Möbelstücke und Tempelgegenstände gefertigt. Da ein Baum mindestens 30 Jahre wachsen sollte, bevor er „geerntet" wird, achtet die indische Regierung darauf, dass der Bestand erhalten bleibt. 1996 hat sie sogar ein Ausfuhrverbot zum Schutz der Bäume bis auf weiteres erlassen. Echtes Sandelholzöl ist damit ein sehr seltenes, rares ätherisches Öl, von dem Sie jedes Tröpfchen bewusst genießen sollten.

Pflanzenfamilie:
Sandelholzgewächse (Santalaceae)
Vorkommen:
Indien (Mysore)
Pflanzenteil:
Kernholz und Wurzel
Gewinnung:
Destillation mit Wasserdampf
Ertrag:
4%
Duftnote:
weiche Basisnote
interessante Inhaltsstoffe:
Santalole (Sesquiterpenole)

Duftbeschreibung Der Duft des Sandelholzöls ist balsamisch-holzig, weich und warm und samtig, mit einer sehr sinnlichen, sanft-männlichen Note. Gleichzeitig hat er eine spirituelle Botschaft.
Amyris, der Balsambaum, gehört zu der Familie der Rautengewächse. Er wird verwirrenderweise auch das karibische oder „westindisches" Sandelholz genannt. Sein Duft erinnert stark an Zedern.
Die Bezeichnungen „westindisch" bzw. „ostindisch" sind nur bedingt geografisch zu verstehen. Sie sind überwiegend Kürzel für unterschiedliche Pflanzen und damit unterschiedliche Duftqualitäten.

Duftwirkungen Die Eigenschaften des echten Sandelholzöls im körperlichen Bereich sind primär entstauend für die Lymphe und die Venen. Bei Krampfadern und Hämorrhoiden setzen französische Aromatherapeuten daher dieses Öl ein. Sie können im privaten Bereich in Absprache mit Ihrer Ärztin oder Ihrem Arzt von diesen Wirkungen profitieren. Außerdem hat Sandelholzöl eine herzstärkende Wirkung. Im seelischen Bereich beruhigt es die Nerven, ist wahrlich „Balsam für die Seele". Sandelholz ist hervorragend bei Stress-Zuständen geeignet, um wieder „langsamer zu schwingen". Vielleicht trägt diese entspannte Komponente mit zu seiner aphrodisierenden Wirkung bei. Und wie alle ätherischen Öle, die eine starke seelische Betonung haben, ist auch Sandelholz ein sehr wertvolles Hauttherapeutikum. Es passt zu allen Hauttypen: für trockene, fette und entzündete Haut. Männliche Jugendliche mögen es sehr gerne, da es gut bei Akne hilft und angenehm „verführerisch" duftet. Und Frauen schätzen es, weil es sehr viel Wärme und Sensibilität vermittelt.

Anwendungsmöglichkeiten In Kombination mit anderen Düften in der Duftlampe, als Parfum, in Körperpflegeprodukten, als Duftbad.

Anwendungseinschränkungen Nicht bekannt.

Tea-Tree *(Melaleuca alternifolia)*

Pflanzenbeschreibung Dieser sehr widerstandsfähige, immergrüne Baum ist in den letzten Jahren sehr bekannt geworden. Er wächst in New South Wales, in

Nordaustralien, hat schmale, hellgrüne Blätter, die wie Wedel wirken. Er kann bei Wildwuchs bis zu 8 m hoch werden. Durch die große internationale Nachfrage (ein wahrer Boom!) nach Tea-Tree-Öl wird diese Pflanze jedoch zunehmend in intensiv bewirtschafteten Plantagen angebaut, bei denen Schneidemaschinen alljährlich die nur buschhohen Bäume bis knapp über der Wurzel „abrasieren". Diese Monokulturen an Mini-Tea-Trees bringen eine Reihe von ökologischen Problemen wie Pestizideinsatz, hoher Wasserverbrauch etc. mit sich. Manche Tea-Tree-Plantagen sollen sogar mit Lindan behandelt sein. Bitte achten Sie bei Ihrem Einkauf auf hochwertiges ätherisches Öl, aus kontrolliert biologischem Anbau oder aus Wildwuchs, das von einer anerkannten Kontrollorganisation zertifiziert wurde (z.B. Biological Farmers of Australia, BFA). Zum einen haben Sie damit ein authentisches Qualitätsöl in Händen, von dem Sie typische Wirkungen erwarten können, und zum anderen tragen Sie zur ökologischen Verträglichkeit vor Ort bei und unterstützen eine langfristig tragbare Produktion.

Duftbeschreibung Der Duft von Tea-Tree ist für die meisten Menschen gewöhnungsbedürftig: Er riecht streng-krautig, ziemlich herb und medizinisch-gesund. Er ist kein Wohlgeruch und stößt bei sensiblen Menschen eher auf Ablehnung. Dass dieser „Duft" dennoch eine so große Popularität gewinnen konnte, mag vielleicht mit gängigen Einstellungen wie „Schlecht muß schlecht vertreiben" oder „Medizin muß bitter sein" zusammenhängen. Dieser Ansatz entspricht nicht den Überzeugungen der ganzheitlichen Aromatherapie. Sie geht davon aus, dass zwischen Duft und Mensch ein positiver Dialog, eine Resonanz stattfinden sollte. Die „Zuneigung" und „Ablehnung" kann auch situationsabhängig bzw. krankheitsabhängig sein. Menschen, die dringend eine Stärkung ihres Immunsystems benötigen, empfinden Tea-Tree meist sympathischer als relativ gesunde Menschen. Sollte der enorme Verbrauch von Tea-Tree-Öl auf sehr verminderte Widerstandskräfte von vielen Menschen hindeuten? Oder provoziert Fast Food einen hohen Tea-Tree-Verbrauch?

Pflanzenfamilie:
Myrtengewächse (Myrtaceae)
Vorkommen:
Australien
Pflanzenteil:
Blätter
Gewinnung:
Destillation mit Wasserdampf
Ertrag:
1 %
Duftnote:
medizinische Herznote
interessante Inhaltsstoffe:
Terpineol-4 (Monoterpenol) und Terpinene (Monoterpene)

Duftwirkungen Tea-Tree-Öl ist sicherlich ein sehr wertvolles, heilkräftiges ätherisches Öl. Aber ein Wundermittel ist es nicht! Und es gibt viele Alternativen, viele andere interessante ätherische Öle, die

Tea-Tree in manchen Fällen überlegen sind und auf mehr Sympathie stoßen. Das ätherische Tea-Tree-Öl hat sehr viele Stärken: Es ist (wie viele andere ätherische Öle auch) sehr aktiv im natürlichen Kampf gegen Bakterien und Viren. Hinzu kommt seine spezifische Aktivität gegenüber Pilzen. Häufige Pilzerkrankungen sind: Candida albicans, ein Hefepilz im Darm, und Soor, ein Hefepilz (meist Candida albicans), der bereits die Schleimhäute im Mund oder in der Vagina befallen hat. Hinzu kommen andere Pilzerkrankungen wie Fußpilz, Nagelpilz etc. Da auch Lavendel- und Myrrhenöl diese Qualitäten aufweisen, sind Kombinationen oder wechselnde Anwendungen sinnvoll.
Ein weiterer Vorteil von Tea-Tree ist, dass es – Sympathie, eine gute Qualität und eine dezente Dosierung vorausgesetzt – sehr hautfreundlich ist. Dies macht Tea-Tree zu einem wertvollen Helfer bei Akne, Herpes, Kopfläusen, Insektenstichen, Warzen und vielen anderen Hautproblemen mehr.
Für wässrige Anwendungen wie die Mundhygiene empfehle ich das Gurgeln mit Tea-Tree-Hydrolat. Es ist das wässrige Produkt der Wasserdampfdestillation und wesentlich einfacher anzuwenden und zu dosieren. Und der Geschmack ist viel angenehmer.
Das Hydrolat können Sie auch für Vollbäder, Sitzbäder, Fußbäder, als Gesichtswasser oder Haarwasser oder auch in der Duftlampe, vielleicht ergänzt mit einem Tröpfchen Tea-Tree-Öl, verwenden.
Apropos Hautfreundlichkeit: Beim Tea-Tree wird durch fragwürdige Händlerinformationen die Vermutung nahegelegt, als sei 1,8-Cineol verantwortlich für Hautirritationen. 1,8-Cineol ist ein Oxyd, das unter anderem in Eukalyptus globulus, Cajeput, Niaouli, Rosmarin, Lorbeer und Ravensara vorkommt und sehr wertvoll für die Atemwege ist. Der natürliche Oxydgehalt, der bei bis zu 15 % im Tea-Tree liegen kann, wird daher durch extreme Pflanzenselektion und durch Verschnitte krampfhaft auf unter 5 % gesenkt. Als ob ein Tea-Tree-Öl, das 7 % Oxyd enthält minderwertig und aggressiv gegenüber der Haut sei. Dies kann bei dem hohen Anteil von 35–45 % Monoterpenolen (überwiegend Terpineol-4) sicher nicht der Fall sein. Bitte tragen Sie durch Ihren bewussten Einkauf dazu bei, dass Tea-Tree-Öl wieder natürlichen Schwankungen unterliegen darf. Tea-Tree-Öl mit einem Oxydgehalt über 5 % ist viel effizienter bei Katarrhen und anderen Atemwegserkrankungen. Die antivirale Wirkung beruht meist auf der Synergie von Monoterpenolen und Oxyden.
Die seelisch-geistige Dimension ist bei Tea-Tree nicht so ausgeprägt wie bei seinen Alternativen (Manuka, Ravensara etc.). Tea-Tree unterstützt die mentale und seelische Durchsetzungskraft durch eine allgemein ausgleichende Nervenstärkung. Aber es hat keine balsamische, liebliche oder entspannende Komponente zu bieten. Hier braucht Tea-Tree entweder die Ergänzung durch andere

Öle wie Lavendel, Geranie, Palmarosa etc. oder sollte durch geeignetere Öle wie Manuka oder Ravensara ersetzt werden.
Weitere Alternativen zu Tea-Tree sind Cajeput und Niaouli, die ebenfalls zur Gattung der Melaleuca-Gewächse gehören, botanisch gesehen damit „enge Verwandte" von Tea-Tree sind.
Bei Cajeput liegt die Betonung aufgrund des Oxyd-Anteils mehr auf dem Thema Atemwege und bei Niaouli wegen seines Sesquiterpenol-Anteils stärker auf dem Thema Hautanwendungen.

Anwendungsmöglichkeiten Als ätherisches Öl: in der Duftlampe, im Aromaventilator oder im Diffuseur zur Wohnraum-Beduftung und Inhalation, in Cremes und Hautölen, im Duftbad oder auch mal ein Tröpfchen pur auf einen Pickel oder auf einen Insektenstich, zur Desinfektion im Haushalt.
Als Hydrolat: in der Duftlampe, im Gesichts- oder Haarwasser, in Voll- oder Teilbädern, zum Gurgeln.

Anwendungseinschränkungen Antipathie.

Vanille *(Vanilla planifolia)*

Pflanzenfamilie:
Orchideengewächse (Orchidaceae)
Vorkommen:
Madagaskar, La Réunion, Karibische Inseln
Pflanzenteil:
Frucht/Schote mit Samen
Gewinnung:
Extraktion mit Lösungsmittel, Alkohol oder CO_2-Extraktion
Ertrag:
je nach Gewinnungsart recht unterschiedlich
Duftnote:
weiche Basisnote
interessante Inhaltsstoffe:
Vanillin (Aldehyd)

Pflanzenbeschreibung Die Vanille ist eine tropische Kletterpflanze, die im Schatten von anderen Bäumen (z.B. Ylang-Ylang) wächst. Sie wird in Plantagen von Hand bestäubt. Die langen, schmalen Schoten werden grün geerntet. Ihre dunkelbraune Farbe erhalten sie durch den anschließenden Fermentationsprozess. In der Schote befinden sich die winzigen edlen Samenkörnchen, die die echte Vanille und ihr unvergleichliches Aroma beinhalten. Die meisten gängigen Süßspeisen werden mit synthetischem Vanillin aromatisiert.

Duftbeschreibung Der Duft der echten Vanille ist ein ganz besonderer: Er ist süß, balsamisch-warm, mit einem kindlichen Naturell. Eine schöne Versuchung, der kleine und große „Naschkatzen" gerne in Form von Schokolade, echtem Vanille-Eis oder echtem Vanille-Pudding erliegen!

Duftwirkungen Im körperlichen Bereich steht die erwärmende Wirkung des echten Vanille-Extraktes im Vordergrund. Die Stärken der Vanille liegen vor allem im seelischen Bereich. Dieser Duft vermittelt den meisten Menschen ein tiefes, frühkindliches Gefühl von Geborgenheit, Zärtlichkeit und Nähe. Es ist ein sehr subtiler und sinnlicher Duft, der unsere Kreativität fördert. Die entspannende Wirkung steigt mit dem Prozentsatz an Vanillin, der zwischen 12 und 95 % schwanken kann.

Anwendungsmöglichkeiten In Duftkompositionen für die Duftlampe, in Kinderparfums und süßen Frauenparfums, im Massageöl und in der Küche für Süßspeisen und Drinks.

Anwendungseinschränkungen Keine bekannt.

Vetiver *(Vetiveria zizanioides)*

Pflanzenbeschreibung Vetiver ist eine mehrjährige tropische Grasstaude, die ein ausgeprägtes Wurzelwerk entwickelt. Im Unterschied zu anderen Duftgräsern wie Lemongrass oder Palmarosa werden hier nicht die Graswedel, sondern die Wurzeln verwendet.

Duftbeschreibung Der Duft des recht zähflüssigen Vetiveröls entspricht seiner Wurzelherkunft: erdig-tief, geheimnisvoll und warm-würzig, manche Menschen empfinden ihn als modrig.

Pflanzenfamilie:
Süßgräser (Gramineae = Poaceae)
Vorkommen:
Java, La Réunion, Brasilien
Pflanzenteil:
Wurzel
Gewinnung:
Destillation mit Wasserdampf
Ertrag:
2 %
Duftnote:
tiefe Basisnote
interessante Inhaltsstoffe:
Vetiven (Sesquiterpen) und Vetivenol (Sesquiterpenol)

Duftwirkungen Die körperliche Seite der Duftwirkung zeigt sich einerseits in der Kreislaufanregung und andererseits in der Beruhigung des Nervensystems. Beides ist bei diesem Öl gleichzeitig möglich! Es kräftigt und tonisiert, indem es erdet und beruhigt. In der Ruhe steckt die Kraft! Für die Seele und für die Haut hat die Vetiverwurzel analog ihrer botanischen Funktion eine stabilisierende und regenerierende Wirkung.
Da Vetiver ein sehr langandauernder Duft (Fixateur) ist, genügt eine kleine Spatelspitze, um für eine Duftkomposition eine stabile Basis zu schaffen.

Anwendungsmöglichkeiten In Duftkompositionen mit anderen ätherischen Ölen, für die Duftlampe oder für Herrenparfums, für Hautanwendungen; im Haushalt gegen Motten.

Anwendungseinschränkungen Nicht bekannt. Dieser Duft entspricht selten dem kindlichen Naturell. Es ist ein sehr reifer, eher „alter“ Duft.

Wacholder *(Juniperus communis)*

Pflanzenbeschreibung Der stachlige Wacholderstrauch ist vor allem in den kargen Heide- und Moorgebieten Europas heimisch. Seine schwarzen Früchte benötigen drei Jahre bis zur Reifung und schmecken herb-bitter.

Duftbeschreibung Der Duft des ätherischen Wacholderbeer-Öls ist waldig-streng, mit einer leicht fruchtigen Beinote. Er vermittelt Klarheit, Kraft und einen gewissen Ernst.

Duftwirkungen Im körperlichen Bereich wirkt die Wacholderbeere sehr entwässernd (diuretisch) und reinigend. Sie wird daher gerne bei Fastenkuren oder Entschlackungskuren verwendet. Vorsicht! Wacholder ist sehr heilkräftig und kann die Nieren zu sehr anregen. Nicht für Nierenkranke, schwangere Frauen oder Kinder geeignet.

Wacholder hat durch seine antiseptischen Eigenschaften auch positive Auswirkungen auf die Atemwege. Aber ich finde, hier sollten zunächst unproblematischere Öle wie Kiefer, Cajeput oder Myrte eingesetzt werden.

Die entscheidende Stärke von Wacholder liegt im geistig-seelischen Bereich. Er hat eine reinigende Wirkung auf die Atmosphäre in jeder Beziehung: seelisch, geistig und spirituell. Wacholder schafft einen neuen Realismus. Er hilft dabei, Ballast abzuwerfen und sich auf das Wesentliche zu konzentrieren. Eine nicht leichte und nicht nur angenehme Aufgabe. Bitte entscheiden Sie ganz bewusst, ob und wann Sie zu diesem Schritt bereit sind. Ich beobachte häufig, dass die „Macht“ von Wacholder unterschätzt wird. Wenn Wacholder jedoch bewusst

Pflanzenfamilie:
Zypressengewächse (Cupressaceae)
Vorkommen:
Frankreich, Deutschland
Pflanzenteil:
Beere, z.T. an kleinen Zweigen
Gewinnung:
Destillation mit Wasserdampf
Ertrag:
1 %
Duftnote:
waldige Herznote
interessante Inhaltsstoffe:
Pinene, Limonen und Sabinene (Monoterpene), Bornyl- und Terpenyl-Azetat (Ester)

angewandt wird, kann er helfen, sich von unangenehmen Gedanken und Gefühlen gut zu verabschieden.

Anwendungsmöglichkeiten Zur Reinigung der Atmosphäre mit der Duftlampe oder einem Diffuseur, max. 1 % dosiert und aus Gründen der Hautfreundlichkeit z.B. mit Lavendel kombinieren, in Bädern und im Körperöl. Nur für kurze Zeiträume!

Anwendungseinschränkungen Nicht für Nierenkranke, nicht für schwangere Frauen und Kinder, nur für kurze Zeiträume, kein „Alltagsduft"!

Ylang-Ylang *(Cananga odorata genuina)*

Pflanzenbeschreibung Der tropische Ylang-Ylang-Baum kann bis zu 20 m hoch werden und präsentiert seine typischen gelben Blüten. Der Name Ylang-Ylang bedeutet: die Blume der Blumen. Die Blüten werden vorzugsweise von April bis Juni vor der Regenperiode frühmorgens in Körbe gesammelt und sind sehr empfindlich. Um das Pflücken zu erleichtern, werden die Bäume auf 2 bis 3 m zurückgeschnitten. Die einfachen Destillen werden traditionell mit Holzfeuer betrieben. Der vollständige Destillationsprozess dauert 24 Stunden. In vier Zeitabschnitten zu 6 Stunden werden vier Fraktionen destilliert. Das Produkt der ersten 6 Stunden wird Ylang-Ylang extra genannt, das der zweiten Fraktion Ylang-Ylang I, das der dritten Fraktion Ylang-Ylang II und das der vierten Fraktion Ylang-Ylang III. Am therapeutisch wertvollsten ist das Ylang-Ylang komplett, das alle vier Fraktionen umfasst.
Auf dem Markt gibt es auch Cananga (Cananga odorata macrophyllata), eine Unterart, die primär auf Java wächst.

Duftbeschreibung Der Duft des ätherischen Öls von Ylang-Ylang komplett ist sehr vielschichtig: blumig-süß, samtig, aber auch herb-grün zugleich. Manche Menschen reagieren positiv auf die orientalische Blütenebene, andere empfinden diesen Duft als „streng medizi-

Pflanzenfamilie:
Flaschenbaumgewächse (Annonaceae)
Vorkommen:
Madagaskar, Comoren, Haiti, Java
Pflanzenteil:
Blüte
Gewinnung:
Destillation mit Wasserdampf
Ertrag:
2 %
Duftnote:
tiefe Herznote
interessante Inhaltsstoffe:
Farnesen (Sesquiterpen), Linalol (Monoterpenol), Geranyl- und Benzylazetat (Ester)

nisch". Ylang-Ylang ist ein Duft, der genauso häufig Sympathie wie Antipathie hervorruft. Dies ist abhängig vom Menschentyp, von der Dosierung und auch von der Qualität.

Duftwirkungen Bei einer positiven Resonanz hilft Ylang-Ylang durch seine entspannende und krampflösende Wirkung bei Kopfschmerzen. Bei Ablehnung kann dieser Duft aber auch Kopfschmerzen produzieren. Ylang-Ylang zeigt seine entspannende Wirkung auf das Herz-Kreislauf-System: Es wird bei Herzjagen eingesetzt und senkt den Blutdruck.
Im seelisch-geistigen Bereich wird die euphorisierende und aphrodisierende Wirkung von Ylang-Ylang geschätzt. Es ist ein wertvolles Öl gegen Stresserscheinungen, die sich auf die Sexualität auswirken.
Ylang-Ylang hat sehr hautfreundliche Inhaltsstoffe und wird erfolgreich in der Haut- und Haarpflege eingesetzt. Es reguliert die Talgproduktion und vermag somit sowohl trockene und fettige Haut zu harmonisieren.

Anwendungsmöglichkeiten Ylang-Ylang ist ein sehr kombinationsfreundlicher Duft. An Kopfnoten passen sehr gut warme Zitrusnoten wie Clementine, Blutorange und Mandarine dazu. An leichten Basisnoten bietet sich Benzoe, Sandelholz und Vanille an, an tiefen Basisnoten auch etwas Patchouli.
Anwendungen in Haut- und Haarpflegeprodukten, in Kombinationen in der Duftlampe, in Parfums.

Anwendungseinschränkungen Keine bekannt (außer Antipathie natürlich).

Zeder *(Cedrus atlantica)*

Pflanzenbeschreibung Der mächtige Zedernbaum als Kiefergewächs gehört wie die Zypressengewächse zur Ordnung der Koniferen. Er kann bis zu 30 m hoch werden und das stolze Alter von bis zu 2 500 Jahren erreichen.
Manchmal werden auch fälschlicherweise Zypressengewächse wie Wacholder oder Thuya als „Zedern" bezeichnet. Das Holz weist einige wenige Parallelen auf, aber die Inhaltsstoffe der Öle sind sehr unterschiedlich. Vorsicht: Thuya zählt sogar zu den neurotoxischen (nervengiftigen) Ölen. Bitte achten Sie daher bei den Zedern ganz besonders auf die exakte botanische Bezeichnung.

Duftbeschreibung Der Duft der Atlaszeder (Cedrus atlantica) ist balsamisch-holzig mit einer würzigen Note. Er vermittelt sehr viel Wärme und Stabilität.

Pflanzenfamilie:
Kiefergewächse (Pinaceae)
Vorkommen:
Frankreich, Marokko
Pflanzenteil:
Holz
Gewinnung:
Destillation mit Wasserdampf
Ertrag:
3%
Duftnote:
tiefe Basisnote
interessante Inhaltsstoffe:
Cadinen (Sesquiterpen), Atlantol (Sesquiterpenol), Atlantone (Keton)

Duftwirkungen Im körperlichen Bereich wird Zedernöl bei Infektionen der Atemwege sowie der Niere und Blase eingesetzt. In der französischen Aromatherapie sieht man seine Bedeutung vor allem in seiner lymphanregenden Wirkung und zur Mobilisierung körpereigener Fettbestände. Das typische Anwendungsgebiet liegt hier in der Cellulite-Behandlung.
Im seelisch-geistigen Bereich ist Zeder ein wertvoller Impuls, um Haltungen wie Selbstbewusstsein, Würde und Souveränität zu integrieren. Und: Zedernholz repräsentiert eine sinnlich-aphrodisische Ebene und eine religiös-rituelle Dimension. Auf die Haut wirkt Zedernöl leicht adstringierend und antiseptisch und wird daher bei Akne und fetter Haut verwendet. Auch zur Regulierung von fettem Haar bzw. fetter Kopfhaut bietet sich Zedernholzöl an. Außerdem vertreibt es mit seinem langanhaltenden Duft unerwünschte Insekten wie Motten. Sie können entweder rohe Zedernholzstücke in den Kleiderschrank legen oder Zedernholzöl auf einen Träger wie ein Vlies oder auf einen Duftstein aus Ton geben.

Anwendungsmöglichkeiten In der Duftlampe, in Herrenparfums, für die Haut- und Haarpflege, gegen Insekten.

Anwendungseinschränkungen Nicht während der Schwangerschaft oder bei Kleinkindern.

Zimtbaum *(Cinnamomum verum = C. ceylanicum)*

Pflanzenbeschreibung Der immergrüne tropische Zimtbaum erreicht eine Höhe von bis zu 15 Metern. Von den jungen Schösslingen wird alle zwei Jahre die Rinde geschält und zu Zimtstangen und zu Zimtrindenöl weiterverarbeitet. Das Schälen der Rinde bedeutet eine Labilisierung für den Schössling. Im biologischen Anbau von Zimt erhalten die Bäume daher Regenerationsphasen. Die ledrigen Blätter können ganzjährig geerntet werden. In den Kulturen werden die Bäume meist nur strauchhoch gehalten.

Pflanzenfamilie:
Lorbeergewächse (Lauraceae)
Vorkommen:
Sri Lanka, Madagaskar
Pflanzenteil:
Rinde oder Blätter
Gewinnung:
Destillation mit Wasserdampf
Ertrag:
bei der Rinde: 0,5%,
bei den Blättern: 1,5%
Duftnote:
eine süße bzw. eine würzige Basisnote
interessante Inhaltsstoffe:
in der Zimtrinde: Zimtaldehyd (Aldehyd), in den Zimtblättern: Eugenol (Phenol)

Cassia (Cinnamomum cassia) steht für den chinesischen Zimt. Hier werden die Blätter des Baumes geerntet. Er zählt auch zur Familie der Lorbeergewächse und wächst vor allem in Indonesien. Aus ihm wird meist das einfachere Zimtpulver hergestellt.

Duftbeschreibung Der Duft von echtem madagassischen Zimtrindenöl ist würzig-süß und warm bis hitzig. Er vermittelt das typische, edle Dufterlebnis. Das ätherische Öl von Zimtblättern duftet würzig-herb. Es erinnert durch seinen hohen Eugenol-Anteil mehr an die Gewürznelke als an die Zimtrinde. Der Duft von Cassia, auch falscher Zimt genannt, steht zwischen Zimtrinde und Zimtblättern. Er ist süß und herb zugleich.

Duftwirkungen Da sich die biochemischen Zusammensetzungen von Zimtrinde und -blättern unterscheiden, gestalten sich auch die Wirkungen anders. Im körperlichen Bereich ist Zimtrinde sehr wirksam gegen Bakterien, Viren und Pilze. Das ätherische Öl wird bei Verdauungsstörungen und bei Tropenfieber eingesetzt. Bei Zimtblättern steht die anregende Funktion auf das Immunsystem im Vordergrund.
Die seelisch-geistige Dimension ist typisch im Zimtrindenöl ausgeprägt. Es strahlt Wärme, kindliche Zuversicht und Geborgenheit aus. Bei seelischer Überlastung hilft es, wieder Vitalität und Lebensfreude zu entwickeln. Es ist ein überaus extrovertierter Duft, der zurückgezogenen Menschen helfen kann, auf andere Menschen zuzugehen – oder die Kontaktfreudigkeit von extrovertierten Menschen unterstreicht. Zimtrinde wirkt euphorisierend und aphrodisierend.

Anwendungsmöglichkeiten Zimtrinde in der Duftlampe und in Kinder- und Damen-Parfums (schwach dosiert).

Anwendungseinschränkungen Sowohl Zimtrinde als auch Zimtblätter sind hautreizend. Zimtblätteröl kann in großen Dosen die Leber schädigen. Nicht bei schwangeren Frauen und Kindern einsetzen. Für Hautanwendungen mit milden ätherischen Ölen kombinieren und sehr schwach dosieren. Nur nach lokalem Verträglichkeitstest anwenden.

Zitrone *(Citrus limon)*

Pflanzenbeschreibung Die begehrtesten Zitronenbäume wachsen auf Sizilien, in der Nähe von Messina. Der kleine, immergrüne Baum trägt das ganze Jahr über Früchte in unterschiedlichen Reifestadien und duftende Blüten. Die besten Früchte werden in den Wintermonaten geerntet. Durch das Verfahren der Kaltpressung wird aus den Öldrüsen in der Schale die Zitrus-Essenz gewonnen. Es ist ein rein mechanisches Verfahren. Nur bei Früchten aus kontrolliert biologischem Anbau können Sie sicher sein, dass sich in Ihrem Zitronenöl keine Oberflächenbehandlungsmittel finden. In seltenen Fällen werden die Blätter destilliert. Dieses Produkt heißt Petitgrain (Zitrone). Das bekannteste Petitgrain ist das des Bitterorangenbaums.

Duftbeschreibung Der Duft der Zitronen-Essenz ist hell, frisch, leicht und klar und sehr strahlend. Er wirkt sehr erheiternd und erhebend, und dies auf eine „unverblümte" coole, realistische Art.

Duftwirkungen Die körperlichen Duftwirkungen sind sehr vielschichtig: Zitrone ist desinfizierend und damit sehr wirksam zur Verbesserung der Luftqualität, sowohl in Büros als auch in Krankenhäusern. Da es sehr wärmeempfindlich ist und einen überwiegend kühlen Charakter hat, verdunste ich es nur kalt im Aromaventilator, im Diffuseur oder im Duft-Automaten. Für Duftsteine eignet sich Zitronenöl nicht, da es gleichzeitg auch sehr sauerstoffempfindlich ist. Die desinfizierende Qualität des Zitronenöls wird gerne bei der Wundbehandlung genutzt, zumal diese Essenz auch blutstillende Eigenschaften aufweist. Insgesamt regt die Zitronen-Essenz das Immunsystem an und hilft bei fiebrigen Zuständen die Temperatur zu senken.
Französische Aromatherapeuten setzen Zitrone vorzugsweise zur Leberstärkung ein. Zum Schutz der Leber kombinieren sie phenolbetonte ätherische Öle wie Thymian, die die Leber strapazieren können, gerne mit Zitrone, um diese Nebeneffekte zu vermeiden. Die Wirkung von Zitrone ist eine zusammenziehende und tonisierende. Damit ist es ein idealer „Frischmacher" für morgens und hilfreich bei müden Beinen und Krampfadern.
Die seelisch-geistige Qualität der Zitrus-Essenz liegt vor allem in ihrer Fähigkeit, die Konzentrationsfähigkeit und das Gedächtnis anzuregen. Und dies auf eine jugendlich

Pflanzenfamilie:
Rautengewächse (Rutaceae)
Vorkommen:
Italien, Brasilien, Kalifornien
Pflanzenteil:
Fruchtschale
Gewinnung:
Expression der Fruchtschale
Ertrag:
0,5 %
Duftnote:
frische Kopfnote
interessante Inhaltsstoffe:
Limonen (Monoterpen)

beschwingte Art und Weise. Ein sympathischer Schul- und Büroimpuls! Die Hautanwendungen mit Zitrone sind etwas diffizil: Einerseits mobilisiert die Essenz, hilft bei Wunden, andererseits verhält sich Zitrone eher hautreizend und ist photosensibilisierend.
Dosieren Sie diese Essenz daher bei Haut- und Massageölen nicht über 1 % und setzen Sie die behandelte Haut in den folgenden Stunden nicht der Sonne aus. Vorsicht bei Menschen mit sehr heller Haut und blonden oder roten Haaren.

Anwendungsmöglichkeiten Kühle und anregende Arbeitsraum-Beduftung (sehr schön und etwas stabiler durch Koniferendüfte wie Kiefer etc.). In der Hautpflege: im Dusch- und Körperöl, in frischen Duftkompositionen der Eau-de-Cologne-Richtung, zur Aromatisierung von Speisen und Getränken.

Anwendungseinschränkungen Zitronenöl kann Hautreizungen verursachen und erhöht die Lichtempfindlichkeit.

Die Wirkungsweisen

Duftpflanzen vermögen es, in bestimmten Pflanzenteilen ihre für sie charakteristische Essenz zu produzieren. Die Pflanze schafft sich damit sehr viele Vorteile. Sie kann durch ihre Duftbotschaft für sie wichtige Insekten anlocken und Schädlinge abwehren. Ihr Duft ist für die Pflanze ein wirksamer Schutz gegen Bakterien, Viren und Pilze. Der französische Arzt und Aromatherapeut Dr. Daniel Pénoël sieht in den Essenzen das Immunsystem der Pflanze repräsentiert. Einen anderen Gesichtspunkt formuliert der Biologe Dr. Dietrich Gümbel: Er bezeichnet die Rolle der ätherischen Öle in der Pflanze als „äußere Hormone", vergleichbar mit den menschlichen und tierischen Pheromonen. Ätherische Öle sind außerdem gespeicherte Sonnenenergie. Gegen ein Übermaß an Sonneneinstrahlung schützt sich die Pflanze, indem sie sich mit ihrer „Duftwolke"umgibt, die wie ein Filter wirkt. Mit anderen Pflanzen kommuniziert sie durch das Medium Duft. Auch pflanzliche Nachbarschaften sind duftgesteuert. Und last, not least hat die Pflanze die Möglichkeit, sich Menschen über ihren Duft mitzuteilen.

Ähnliche Funktionen wie die Essenz bei ihrer Stammpflanze erfüllt, kann sie auch gegenüber anderen Pflanzen (Stichwort aromatische Pflanzenpflege), bei Tieren und beim Menschen übernehmen. Wissenschaftliche Untersuchungen weltweit bestätigen dies. Hier die Palette der zentralen Wirkungsweisen von ätherischen Ölen auf den Menschen:

- antibakterielle Wirkung: gegen Bakterien gerichtet
- antimykotische Wirkung: gegen Pilze gerichtet
- antivirale Wirkung: gegen Viren gerichtet
- aphrodisierende Wirkung: sexuell anregend
- desodorierende Wirkung
- diuretische (harntreibende) Wirkung
- entzündungshemmende Wirkung
- euphorisierende Wirkung: stimmungsaufhellend, ein Glücksgefühl vermittelnd
- expektorierende Wirkung: auswurffördernd, vor allem das „Abhusten" von Schleim erleichternd
- feinstoffliche Wirkung (subtile Schutzwirkung)
- gedächtnisstärkende Wirkung
- harmonisierende (ausgleichende) Wirkung
- hormonregulierende Wirkung
- Insekten und Ungeziefer abwehrende Wirkung (repellent)

- intuitionsstärkende und meditative Wirkung
- krampflösende Wirkung
- schmerzstillende Wirkung
- sedierende (beruhigende bis schlaffördernde) Wirkung
- tonisierende (anregende) Wirkung
- verdauungsanregende Wirkung
- wundheilende Wirkung

und viele weitere mehr.

Im Wesentlichen lässt sich zwischen eher körperlichen und eher seelisch-geistigen Wirkungen unterscheiden, wohlwissend, dass sie sich gegenseitig bedingen. Häufig lässt eine bestimmte körperliche Symptomatik Rückschlüsse auf die geistig-seelische Verfassung zu. Der Arzt und Psychotherapeut Dr. Rüdiger Dahlke spricht hier von Be-Deutungen von Krankheitsbildern und von „Krankheit als Sprache der Seele" (gleichnamiger Buchtitel).
Eine weitere Unterscheidungsmöglichkeit ist die zwischen stofflichen und feinstofflichen Wirkungen. Die in der Aufzählung unten genannten zählen stärker zu den feinstofflichen Impulsen.
Während die „traditionelle", stoffliche Aromatherapie eher als eine pflanzenheilkundliche Körpertherapie im medizinisch-materiellen Sinne anzusehen ist, beschäftigt sich die feinstoffliche Aromatherapie mit Heilung durch Schwingungsenergien und Duft-Informationen und unterstützt persönliches und spirituelles Wachstum.
Ich werde im Folgenden auf die verschiedenen Wirkungsweisen eingehen und typische Öle dazu benennen. Mehrfachnennungen zeigen kombinierte Wirkungsschwerpunkte an.

Die antibakterielle Wirkung

Fast alle ätherischen Öle haben eine zumindest bakteriostatische Wirkung, d. h. sie verhindern das weitere Wachstum von Bakterienarten. Zum Teil verfügen sie sogar über bakterizide Wirkungen, d. h. sie töten bestimmte Bakterien ab, ohne jedoch die ganze Bakterienflora der Haut oder der Schleimhäute (im Mund, Darm oder der Scheide) zu zerstören.
Um die bakterielle Belastung der Raumluft zu reduzieren, helfen vor allem ätherische Öle, die einen hohen Anteil an Monoterpenen aufweisen. Hierzu gehören zum einen die Zitrusfruchtnoten wie Zitrone, Grapefruit etc., zum anderen die Koniferennoten wie Kiefer, Meerkiefer, Douglasie, Weißtanne, Zypresse und Wacholder. Myrte, Ravensara, Tea-Tree, Manuka und Angelika zeichnen sich auch durch einen hohen Anteil an Monoterpenen aus und haben sich als sehr

effektiv erwiesen. Bei manchen Bakterienarten ist Manuka bis zu zwanzigmal wirksamer als Tea-Tree.
Auch die oxydbetonten ätherischen Öle wie Eukalyptus globulus, Niaouli und Cajeput haben eine antibakterielle Wirkung auf die Zimmerluft. Da sie gleichzeitig eine kühlende Wirkung haben, sollten sie mit einem Diffuseur oder Aromaventilator kühl verdunstet werden.
Die antibakterielle Wirksamkeit eines ätherischen Öls ist abhängig von der jeweiligen Bakterienpopulation.
Im Allgemeinen gelten die phenolbetonten ätherischen Öle als die stärksten. Hierzu gehören Thymian (mit seinen verschiedenen Chemotypen), Bergbohnenkraut, Oregano, Gewürznelke (Blüte oder Blätter), Zimtblätter und Tulsi (Ocimum sanctum).
Vorsicht: Wegen ihrer starken Wirkung sollten phenolbetonte ätherische Öle nicht über längere Zeiträume angewandt werden. Sie eignen sich nicht für Kinder (außer unter ärztlicher Kontrolle) und sie sollten bei Hautanwendungen mit hautfreundlichen Ölen (wie Lavendel, Palmarosa etc.) kombiniert werden.
Die verschiedenen Lavendelarten zählen zu den milden antibakteriellen ätherischen Ölen. Lavendel unterstreicht die Wirkung der oben genannten ätherischen Öle (Synergieeffekt) und erhöht die Hautverträglichkeit. Wenn Sie den Duft sympathisch finden, ist die Kombination eines der oben genannten Öle mit Lavendel sehr sinnvoll.
Beide Wirkungsweisen, die milde und die starke, haben ihre Bedeutung. Sie können sich bei gleichzeitiger Anwendung gegenseitig unterstützen oder können auch abwechselnd angewandt werden. Die ätherischen Öle vermögen es, die Immunantwort des Körpers positiv zu verändern.

Die antimykotische Wirkung

Während fast alle ätherischen Öle eine gewisse antibakterielle Wirkung haben und auch eine große Anzahl von ätherischen Ölen antiviral effizient sind, gibt es nur einige wenige antimykotische Öle. Antimykotisch bedeutet, dass sie gegen krankheitserregende Pilze wirken. Dies kann entweder im fungistatischen Sinne (das Pilzwachstum hemmend) oder im fungiziden Sinne (pilzabtötend) sein. Biochemisch stehen hier die Monoterpenole und Sesquiterpene, aber auch die Triketone im Vordergrund. Patricia Davis empfiehlt bei Pilzerkrankungen wie Fußpilz, Candida und Soor die ätherischen Öle von Lavendel, Myrrhe und Tea-Tree. Sehr interessant ist auch Manuka. Nach einer Untersuchung aus Neuseeland ist die Wirksamkeit von Manuka bei Candida albicans doppelt so stark wie die von Tea-Tree.

Die antivirale Wirkung

Viren sind besonders kleine Krankheitserreger, die sich nur in lebenden Zellen vermehren. Zu den Viruserkrankungen gehören grippaler Infekt, Masern und die verschiedenen Herpeserkrankungen wie z. B. Lippenbläschen (Herpes labialis) oder Gürtelrose (Herpes zoster).
Viele ätherische Öle haben eine virustatische Wirkung, d. h. sie hemmen die Vermehrung von Viren. Bei den hier besonders wirksamen ätherischen Ölen sind alle biochemischen Schwerpunkte vertreten. Es gibt Hinweise darauf, dass ätherische Öle mit einer antiviralen Wirkung häufig aus der Familie der Lippenblütler und der Myrtengewächse stammen. Bei folgenden ätherischen Ölen von Lippenblütlern konnte dies bislang nachgewiesen werden: Lavendel und Speiklavendel, Rosmarin, Melisse und Muskatellersalbei. Zu den antiviral wirkenden ätherischen Ölen von Myrtengewächsen zählen vor allem die verschiedenen Eukalyptusarten, Gewürznelke, Niaouli, Tea-Tree und Manuka. Aber auch die ätherischen Öle von Ravensara (ein Lorbeergewächs), Bergamotte (ein Rautengewächs) und Angelika (ein Doldenblütler) sind bekannt für ihre antivirale Wirkung. Bei anderen ätherischen Ölen wie Geranie oder Zypresse gibt es auch Hinweise auf ihre antivirale Wirksamkeit.
Biochemisch gesehen ist nach Dr. Pénoël besonders die Verbindung von Monoterpenolen mit Oxyden interessant gegen Viruserkrankungen. Diese Synergie weisen u.a. Ravensara, Niaouli, Manuka, Speiklavendel, Rosmarin Chemotyp Borneol, Lorbeer und Tea-Tree auf. Bei Tea-Tree ist dieser synergistische Effekt allerdings durch die „Cineol-Hysterie“ stark gefährdet.

Die aphrodisierende Wirkung

Aphrodisiaka sind nach Albert Hofmann Stoffe, die auf den sexuellen Bereich der Psyche wirken. Die meisten Aphrodisiaka sind pflanzlichen Ursprungs. Primär geht es dabei um eine Steigerung der sexuellen Erlebnisfähigkeit, weniger um die Heilung von Sexual-Krankheiten.
Manche ätherische Öle wirken erotisierend durch ihre entspannende Duftbotschaft (Rose, Neroli, Ylang-Ylang, Muskatellersalbei), andere durch ihre anregenden „feurigen“ Impulse (Pfeffer, Kardamom), wieder andere durch ihre euphorisierende Wirkung (Neroli, Jasmin, Muskatellersalbei), einige auch wegen ihrer hormonellen Anregung (Jasmin, Sandelholz, Muskatellersalbei). Besonders die Blütendüfte repräsentieren die Themen Sinnlichkeit und Schönheit sehr typisch. Aber auch Patchouli gilt als stimulierend. Wählen Sie selbst, welche Düfte Ihre gemeinsame Liebeslust heben. Sie können sie in Form eines Bades, einer Partnermassage, eines Parfums oder der Raumbeduftung genießen. Bei Paarkonflikten empfiehlt sich meist eine Beratung.

Die desodorierende Wirkung

Die spritzigen Zitrusfruchtnoten bringen in Räume frischen Schwung. Gegen Küchengerüche hilft neben gründlichem Lüften meist Zitronenduft, der auf Wasserbasis mit einem Pflanzensprüher zerstäubt wird. Sie können auch Nerolihydrolat verwenden. Gegen Zigaretten-, Zigarren- oder Pfeifenrauch können sich nur sehr wenige Düfte durchsetzen. Die besten Chancen haben die Minzöle, wobei auch diese hier nur „übertünchen".

Wenn Sie für sich ein natürliches Deodorant herstellen möchten, können Sie Zitrusöle wie die Bergamotte verwenden, aber auch Lavendel und Rosmarin. Eine Erfrischung mit Nerolihydrolat ist auch sehr wohltuend und selbst bei sehr empfindlicher Haut verträglich. Weitere Möglichkeiten sind die Hydrolate von Lavendel oder Rosmarin.

Salbei hat eine schweißregulierende Wirkung. Da das ätherische Öl von Salbei zu den problematischen zählt, empfehle ich das Salbeihydrolat oder einen Salbeitee für Waschungen zu verwenden. Sie haben nicht die unerwünschten Nebenwirkungen. Bei Bädern ist Meersalz die optimale Grundlage.

Die diuretische Wirkung

Die harntreibende Wirkung von ätherischen Ölen wird hauptsächlich zur Förderung der Ausschwemmung extrazellulärer Flüssigkeit bei Ödemen, Cellulite und PMS (Prämenstruelles Syndrom) eingesetzt.

Eine wirkliche Reduktion des Gewichtes ist damit nicht möglich. Die Möglichkeit, über den Wasserhaushalt den Blutdruck zu verändern, gehört unbedingt in die Hand von erfahrenen Medizinerinnen und Medizinern.

Folgende ätherische Öle zählen zu den harntreibenden: Fenchel, Geranie, Kamille, Sandelholz, Wacholder, Wiesenkönigin, Zeder und Zypresse. Am mildesten und damit auch für Kinder geeignet sind Kamille und Geranie. Am vehementesten wirkt Wacholderbeere. Das hochkonzentrierte ätherische Wacholderöl darf auf keinen Fall bei Schwangeren oder Nierenkranken angewandt werden, selbst die Beeren im Essen sollten gemieden werden. Männer bevorzugen häufig den holzigen Charakter von Sandel- und Zedernöl.

Lassen Sie Ihre Nase entscheiden, welches Öl zu Ihnen passt. Die Entscheidung pro Wacholder sollte jedoch auch eine „Kopfentscheidung" sein.

Die entzündungshemmende Wirkung

Hier sind vor allem die beiden ätherischen Öle hilfreich, die über einen natürlichen Azulengehalt verfügen: die blaue Kamille und die Schafgarbe. Die blaue Kamille weist zusätzlich alpha-Bisabolol auf, ein Sesquiterpenol, das ebenfalls entzündungshemmend wirkt.

Wichtig sind in diesem Zusammenhang auch die aldehydbetonten Öle wie Zitroneneukalyptus, Citronnelle und Lemongrass, Melisse und Zitronenstrauch (Verbena). Lavendel hat auch entzündungshemmende Qualitäten.
Zur Psychosomatik der Entzündung: Nach Dethlefsen/Dahlke ist eine Entzündung „ein stofflich gewordener Konflikt". Die jeweilige Körperstelle gibt „Auskunft" über die Qualität des (vermiedenen) Konflikts.

Die euphorisierende Wirkung

Ätherische Öle wirken auf unser Gehirn und auf unsere Stimmungen. Grundsätzlich ist mit jedem Duft, der individuell als Wohlgeruch erlebt wird, eine Stimmungshebung verbunden. Von einer Reihe von ätherischen Ölen weiß man, dass diese häufig stimmungsaufhellend wirken. Hierzu zählen als frische Kopfnoten Bergamotte, Grapefruit, Neroli und Melisse, als blumige Herznoten Muskatellersalbei, Geranie, Jasmin, wiederum Neroli, Rose und Ylang-Ylang und als Basisnoten Sandelholz und Patchouli. Auch bei Weihrauch lässt sich eine euphorisierende Wirkung nachweisen. Diese sehr unterschiedlichen Duftnoten zeigen, dass sich das Bedürfnis nach Stimmungsaufhellung individuell und situativ sehr variabel gestalten kann. Bei der Auswahl ätherischer Öle gilt es diese große Spannbreite zu berücksichtigen. Rezepthaftes Verhalten trifft hier die Thematik meist nicht. Eher ein gezieltes Fragen (auch an sich selbst) und die spontane Auswahl über die Nase. An der Auswahl der gewählten Düfte lassen sich meist die zu Grunde liegenden Themen ablesen und weiter bearbeiten.

Die expektorierende Wirkung

Der Terminus expektorierend steht für die auswurffördernde Wirkung. Eine Reihe von ätherischen Ölen unterstützt das „Abhusten" von Schleim, Blut, Eiter, Fremdstoffen oder -körpern aus dem Bronchialsystem. Biochemisch gesehen sind dies vor allem die oxydbetonten ätherischen Öle wie Eukalyptus globulus, Eukalyptus radiata, Cajeput, Niaouli, Lorbeer, Rosmarin mit dem Chemotyp 1.8 Cineol und Speiklavendel.
Diese ätherischen Öle sollten kühl inhaliert werden, um ihre Qualität nicht zu beeinträchtigen. Durch die Inhalation gelangen die Wirkstoffe in den Blutkreislauf und werden dann wieder, vor allem durch die Atmung, ausgeschieden. Auf der seelischen Ebene können diese Duftimpulse eine vielleicht überfällige Aussprache fördern, zumal die Oxyde auch das klare Denken anregen.

Die feinstoffliche Wirkung

Die feinstoffliche Aromatherapie wurde vor allem von der englischen Aromatherapeutin Patricia Davis begründet. Sie erweitert die körperlich-stoffliche

Seite der „traditionellen Aromatherapie" um die geistig-spirituelle, feinstoffliche Seite. Die subtile Dosierung liegt zwischen 0,5 und 1 %. Eine mögliche Form der Anwendung ist das Chakrabalancing oder die Auramassage. Die feinstoffliche Arbeit setzt ein besonders hohes Maß an Erfahrung, Verantwortung und an selbstloser Motivation voraus und sollte von Ihrem spirituell-religiösen Ideal getragen sein.

Die gedächtnisstärkende Wirkung

Die linke Gehirnhälfte steht für die Region des logischen, kausalen Denkens, während in der rechten Gehirnhälfte intuitives und analoges Denken stattfindet. Durch den Balken sind beide Intelligenzformen miteinander verknüpft. Eine Reihe von ätherischen Ölen wirkt besonders auf die linke Hälfte ein. Sie gelten als mental anregend und das Gedächtnis stärkend. Hierzu gehören vor allem yangige, „männliche" Düfte wie Basilikum, Zitrone, Rosmarin und die Minzen. Diese Düfte sollten kühl zerstäubt werden, um ihren „coolen" Charakter zu bewahren.

Die harmonisierende Wirkung

Ätherische Öle vermögen es, das Immunsystem wieder zu stabilisieren, Krämpfe zu lösen, nach Bedarf anzuregen oder auch zu entspannen oder Hormone zu regulieren.
Sehr wertvoll sind hier diejenigen ätherischen Öle, die sich durch einen hohen Monoterpenol-Anteil auszeichnen. Hierzu gehören an allererster Stelle die Rose und rosenähnliche Düfte wie Geranien und Palmarosa. Außerdem zählen Tea-Tree und Lavendel und bestimmte milde Thymianarten dazu.

Die hormonregulierende Wirkung

Einige ätherische Öle wirken direkt oder indirekt auf die hormonelle Steuerung. Östrogenähnliche Inhaltsstoffe weisen Muskatellersalbei, Niaouli, Fenchel und Majoran auf. Frauen sollten diese Öle nur in ihrer östrogenbetonten Zyklusphase benutzen, d.h. vom 4. bis 14. Tag des Zyklusses, gerechnet ab dem Einsetzen der Regelblutung. Wenn die Blutung sehr unregelmäßig ist, wird der Mondrhythmus zu Grunde gelegt. Die Anwendung beginnt dann am 4. Tag nach Neumond. Nach dem Eisprung bzw. nach Vollmond sollten Sie dann als hormonelles Gegengewicht Mönchspfeffer (Vitex agnus castus) einsetzen. Es hat eine progesteronähnliche Wirkung.
Ein weiteres ätherisches Öl mit hormoneller Wirkung ist die Kiefer (Pinus sylvestris) und die Schwarzfichte (Picea mariana). Untersuchungen haben hier cortisonähnliche Wirkungen festgestellt.

Geranienöl gilt als allgemein ausgleichendes ätherisches Öl für das Hormonsystem. Bitte beachten Sie, dass jeweils bereits kleinste Mengen wirksam sind.

Die Insekten und Ungeziefer abwehrende Wirkung

Der Einsatz von natürlichen pflanzlichen Duftstoffen gegenüber unliebsamen Insekten ist eine sehr umwelt- und gesundheitsschonende Methode. Fliegen und Stechmücken mögen zum Glück den Duft von Geranie, Citronnelle, Zitroneneukalyptus, Lavandin, Gewürznelke und Zeder nicht.
Gegen Motten hilft Lavandin- und Zedernöl im Kleiderschrank. Als Träger eignet sich hervorragend ein Lavendelsäckchen, das Sie mit Lavandinöl immer wieder neu beduften können oder Zedernholzstücke, die mit Zedernholzöl regelmäßig aufgefrischt werden.
Wenn Pflanzen von Blattläusen oder Mehltau befallen sind, besprühe ich sie mit Lavendelhydrolat. Je nach Befall kann das Hydrolat mit Wasser verdünnt werden. Zur Vorsorge eignen sich Lavendelblüten direkt um die Zimmerpflanzen. Beim Gießen entsteht so ein dezenter, aber regelmäßiger Lavendelauszug, der die Gesunderhaltung der Pflanze unterstützt. Eine weitere Möglichkeit ist ein Schuss Lavendelhydrolat in das Gießwasser zu geben. Zu Gartenpflanzen können Sie Lavendelbüsche oder Knoblauch pflanzen.
Bei der Fellpflege von Katzen und Hunden habe ich mit Lavandin gute Erfahrungen gemacht. Ich gebe hierzu einen Tropfen Lavandin auf die Hand oder auf die Bürste. Bitte beachten Sie, dass Hunde und Katzen einen wesentlich besser entwickelten Geruchssinn als wir Menschen haben. Ein Tropfen bis 30 kg genügt vollauf.
Bei Zeckenbissen drehe ich die Zecke heraus und gebe einen Tropfen Lavandin auf die Bisswunde, um einer Entzündung vorzubeugen. Falls Sie gerade kein Lavandin zur Hand haben, ist Tea-Tree eine mögliche Alternative.

Die intuitionsstärkende und meditative Wirkung

In unserer Gesellschaft sind Denkprozesse, die der linken, rationalen Gehirnhälfte zugeordnet werden, überrepäsentiert. Dementsprechend werden analoge und intuitive oder auch meditative Werte und Verhaltensweisen häufig vernachlässigt. Ganzheitliche Intelligenz integriert beide Zugänge zur Welt- und Selbsterfahrung. Auf die rechte Gehirnhälfte wirken eher yinige, „weibliche“ Düfte wie Rose, Jasmin und Neroli ein. Die meditative Wirkung wird besonders durch Düfte wie Weihrauch, Myrrhe, Patchouli und Sandelholz unterstützt. Diese werden seit Jahrtausenden bei religiösen Zeremonien eingesetzt.

Die krampflösende Wirkung

Als ätherische Öle mit krampflösenden Eigenschaften gelten primär die äther- und esterbetonten Öle.
Die ätherbetonten Öle wie Estragon, Fenchel und Basilikum entfalten vor allem im Magen-Darm-Trakt ihre krampflösende Wirkung. Die esterbetonten Öle wie Lavendel, Muskatellersalbei, Bergamotte, Petitgrain, Neroli und römische Kamille zeigen ihre krampflösende Funktion überwiegend im nervlich-seelischen Bereich. Sie sind eine wertvolle Hilfe bei allen Stresserscheinungen.

Die schmerzstillende Wirkung

Schmerz ist ein wichtiges Signal des Körpers, das unbedingt medizinisch abgeklärt werden muss und meist eine Veränderung des Lebensstils erfordert. Bei kleineren oder vorübergehenden Zahn- und Ohrenschmerzen bei Kindern hilft eine lokale Anwendung von einem Tropfen Kamillenöl (die blaue) auf Mandelölbasis. Lavendel ist eine mögliche Alternative.
Wenn diese Anwendungen für Erwachsene nicht ausreichen sollten, kann Gewürznelke entweder als Pflanzenteil oder als ätherisches Öl auf Mandelöl eingesetzt werden. Vorsicht: Gewürznelke nicht für schwangere Frauen!
Dr. Pénoël berichtet von der großen schmerzstillenden Wirkung von Lorbeeröl. Hier sind keine problematischen Nebenwirkungen zu erwarten.
Bei Kopfschmerzen greifen die meisten Menschen zu Minzölen. Tatsächlich hat das darin enthaltene Menthol eine schmerzstillende Wirkung auf die Kopfregion. Wenn der Schmerz mit Verbrennungen oder Entzündungen gekoppelt ist, ist Kamille, blau oder Schafgarbe das Mittel der ersten Wahl.
Oft werden Schmerzempfindungen durch eine zusätzliche Verkrampfung verstärkt. Die oben genannten krampflösenden Öle können die Schmerzen erträglich werden lassen. Majoran hilft bei schmerzhaften Muskelverspannungen.

Die sedierende Wirkung

Sedierend bezeichnet die beruhigende Wirkung auf das Nervensystem. Biochemisch gesehen stehen hier ätherische Öle im Vordergrund, die über einen hohen Anteil an Estern, Aldehyden oder Sesquiterpenen verfügen. Zu den esterbetonten Ölen zählen Lavendel, Bergamotte, Muskatellersalbei, Petitgrain, Immortelle und römische Kamille. Den Schwerpunkt auf den Aldehyden zeigen Citronnelle, Lemongrass, Zitronenstrauch (Verbena), Melisse und Zitroneneukalyptus. Sesquiterpene finden sich in der Gewürznelke, im Ylang-Ylang und in den seltenen ätherischen Ölen von Johanniskraut und Hopfen.
Melisse, Lavendel, Majoran, Baldrian und Hopfen als Pflanzen sind bekannte Bestandteile von Kräuterteemischungen zur Schlafförderung.

Die tonisierende Wirkung

Ein Tonikum wird medizinisch als Mittel definiert, das Spannungsmangel- und Schwächezustände des Organismus oder einzelner Organe mildert.
Biochemisch gesehen sind sehr viele ätherische Öle als tonisierend bzw. stimulierend oder auch kräftigend anzusehen. Zum einen gehören die starken Gewürzöle wie Zimt, Nelke, Pfeffer und Ingwer hinzu, zum anderen die kräftigen Kräuteröle wie Thymian, Oregano und Bergbohnenkraut, aber auch die frischen Duftnoten wie Zitrone und Rosmarin.
Im Einzelfall ist es schwer festzulegen, welche ätherischen Öle tonisierend sind. Zum Teil ist dies von der Dosis abhängig, ob ein ätherisches Öl tonisierend oder sedierend wirkt. Wenn der aktivierende Stimulus auf den Körper zu stark ist, ermüdet er. Manchmal wechseln sich die Wirkungen auch ab. Muskatellersalbei wirkt zunächst anregend, dann entspannend.
Manchmal bezieht sich die Tonisierung nur auf einen Körperteil. Bei einer Massage ist die tonisierende Wirkung auch abhängig von der Art und Intensität der Griffe und dem Zeitpunkt der Anwendung.

Die verdauungsanregende Wirkung

Die Familie der Doldenblütler (Fenchel, Anis, Kümmel) zeichnet sich durch ätherische Öle aus, die blähungswidrig wirken. Steht eine Anregung der Galle im Vordergrund, können Minze und Rosmarin hilfreich sein. Soll eher die Leber unterstützt werden, leisten ebenfalls die Minzen, aber auch Majoran und Thymian mit Chemotyp Thujanol gute Dienste. Als lokale Anwendung bietet sich eine Bauchmassage (immer im Uhrzeigersinn) an.
Beim Thema Verdauung spielt natürlich die Nahrung eine entscheidende Rolle. Entspricht die aktuelle Ernährungsform den individuellen Bedürfnissen? Hat die Ernährung den „vollen Wert“? Auf der psychischen Ebene können die ätherischen Öle helfen, die Verdauung von Erlebtem ins Bewusstsein zu heben.

Die wundheilende Wirkung

Bei größeren Wunden sollten Sie eine Ärztin oder einen Arzt aufsuchen. Bei kleineren Wunden ist es sinnvoll, die Wunde mit Lavendelhydrolat auszuwaschen. Oft reicht dies bereits aus. Eventuell kann anschließend weiterhin das Hydrolat verwendet werden oder das ätherische Öl von Lavendelöl oder Tea-Tree verdünnt eingesetzt werden. Bei nässenden Wunden empfiehlt sich auch Myrrhenöl. Das Wachstum neuer Zellen kann durch eine Hautanwendung mit Neroli als Hydrolat oder als ätherisches Öl angeregt werden. Es wird auch erfolgreich zur Vermeidung von Schwangerschaftsstreifen angewandt. Weitere interessante Öle sind Kamille, blau, Geranie und Benzoe.

Die Wirkungsbereiche

Die Wirkungsweisen von ätherischen Ölen wie entspannend oder entzündungshemmend beziehen sich häufig auf den ganzen Organismus, manchmal auch auf bestimmte Körperteile oder Organe.

Ich habe die verschiedenen Einzelthemen jeweils zu Wirkungsbereichen wie Atemwege, Frauengesundheit, Harnwege etc. zusammengefasst, um die Zusammenhänge und die Schwerpunkte deutlich werden zu lassen.

Bei jedem Themenkomplex diskutiere ich die empfohlenen ätherischen Öle mit ihren jeweiligen Vorzügen und mit ihren möglichen Grenzen. Ich rate von einer unspezifischen Mischung vieler verschiedener Öle dringend ab. Wer einmal realisiert hat, dass jedes einzelne ätherische Öl bereits 300 bisher bekannte Inhaltsstoffe aufweisen kann, der- oder diejenige weiß die gezielte Auswahl eines ganz bestimmten ätherischen Öles zu schätzen. Die Pflanze in ihren natürlichen Lebensbedingungen bietet all ihre Kräfte auf, um ihre individuelle Essenz zu komponieren, die in sich immer etwas Fertiges und Rundes darstellt, in gewisser Weise ein natürliches Gesamtkunstwerk ist. Der Mensch sollte hier nur bedingt eingreifen, sowohl was den Anbau, die Ernte und die Gewinnung betrifft als auch in Bezug auf die Anwendung. In der Aromapflege und der Aromatherapie gilt der Grundsatz „Weniger ist mehr". Dies bezieht sich sowohl auf die Dosierung als auch auf die Auswahl. Wenn zu viele ätherische Öle miteinander zusammengebracht werden, können sie sich gegenseitig aufheben, widersprechen oder regelrecht stören. Der Organismus ist dann einer Vielzahl von unterschiedlichen Impulsen ausgesetzt und reagiert zwangsläufig irritiert. Bei gezielten Anwendungen bin ich eine überzeugte Vertreterin von Einzelölen. Vielleicht ist die Vorstellung des Schlüssel-Schloss-Prinzips hier anschaulich. Bei der Auswahl geht es darum, den richtigen Schlüssel (das ätherische Öl) für das Schloss (das körperlich, seelisch-geistige Thema) zu finden. Wenn dieser Schlüssel gut passt, haben alle anderen keine Bedeutung mehr, sind überflüssig bis lästig. Es kann sogar das Gegenteil der Fall sein. Wenn mit einem Schlüssel gewaltsam hantiert wird, kann er im Schloss abbrechen und blockiert es dann.

Die Verwendung von Einzelölen hat noch einen weiteren Vorteil: Nur hier lässt sich ablesen, ob die Auswahl die richtige war, wie der Organismus und die geistig-seelische Befindlichkeit reagieren. Bei zehn beliebigen Ölen hingegen ist dies unmöglich.

Darüber hinaus gibt es noch den Unterschied zwischen theoretisch richtigem Öl und individuell passendem Öl. Vielleicht wäre ein bestimmtes ätherisches Öl botanisch und biochemisch total sinnvoll. Aber der Klientin gefällt es nicht.

Vielleicht hat sie negative Assoziationen mit diesem Duft, die alles überlagern. Oder es gibt eine Komponente im Duft, die sie irritiert. Bitte nehmen Sie Irritationen und Missfallen bei sich und bei anderen ernst. Sie sind wichtige Hinweise! Der richtige Schlüssel ist noch nicht gefunden.

Im Folgenden stelle ich Ihnen bei jedem Thema diejenigen ätherischen Öle vor, die überwiegend stimmig sein können. Lassen Sie zunächst den Text auf sich wirken und treffen Sie dann eine theoretische Vorauswahl. Überprüfen Sie jetzt mit Ihrer Nase, ob dieser Duft tatsächlich zu Ihnen passt.

Fall 1: Ihre Nase (und damit Ihr Gehirn) stimmt diesem Duft zu. Wunderbar! Möchten Sie mehr über dieses Öl wissen? Dann schlagen Sie einfach im Kapitel 2 nach. Welchen Charakter hat dieses Öl? Welche Anwendungsformen passen dazu? Sammeln Sie Ihre Erfahrungen mit diesem ätherischen Öl.

Fall 2: Ihre Nase (und damit Ihr Gehirn) erhebt Einwände. Diese sind immer berechtigt! Dann sollten Sie weiterlesen und weiterriechen. Lassen Sie sich Zeit dazu! Die Phase der individuellen Auswahl ist die allerwichtigste. Und letztendlich ist sie ungeheuer zeitsparend, da Sie damit eventuell Wochen mit falscher Anwendung vermeiden können. Außerdem macht es viel mehr Spass, mit dem richtigen Öl zu arbeiten und sich zu verwöhnen.

Manchmal sind auch zwei oder drei ätherische Öle stimmig, sowohl theoretisch als auch individuell. Ich empfehle Ihnen, sie zunächst einzeln zu verwenden und die jeweiligen Resultate zu beobachten. Welche Reihenfolge ist Ihnen am sympathischsten? Wenn die Resultate jeweils positiv sind, können Sie diese ätherischen Öle auch miteinander kombinieren. Hier hat der Begriff Synergie wirklich seine Bedeutung.

Synergien zu verwirklichen ist ein reizvolles Kunststück. Sie sind das Ergebnis von guter Beobachtung, fachgerechter Auswahl, spezifischer Gewichtung der Einzelkomponenten und sicherlich auch einer guten Portion geschulter Intuition.

Bitte beachten Sie bei allen Krankheitsbildern, dass eine medizinische und eine psychologische Beratung zu Rate gezogen werden sollte. Außenstehende Professionelle entwickeln meist eine andere Wahrnehmung wie Betroffene. Für diejenigen, die direkt von den Krankheitsbildern betroffen sind: Verbünden Sie sich mit Ihrem Symptom! Es ist nicht Ihr Feind, sondern „Ihr Therapeut in der Hosentasche".

Der Arzt Edward Bach, der Begründer der Bach-Blüten-Therapie formulierte dies in den 40er Jahren so: „Krankheit ist weder Grausamkeit noch Strafe, sondern einzig und allein ein Korrektiv, ein Werkzeug, dessen sich unsere Seele bedient, um uns auf unsere Fehler hinzuweisen, um uns vor größeren Irrtümern zu bewahren, um uns daran zu hindern, mehr Schaden anzurichten – und uns auf den Weg der Wahrheit und des Lichts zurückzubringen, von dem wir nie hätten abkommen sollen." (aus: Die heilende Natur)

Atemwege

Asthma

Asthma bronchiale ist eine anfallsweise, hochgradige Atemnot. Es ist ein komplexes psychosomatisches Geschehen, bei dem die Ausatmung massiv behindert ist. Folgende ätherische Öle werden allgemein empfohlen: Weihrauch, Kriechender Ysop, Eukalyptus radiata, Ravensara, Lavendel, Melisse, Muskatellersalbei, Rosmarin, Zitrone, Benzoe und Fenchel.
Die ätherischen Öle von Lavendel, Melisse, Muskatellersalbei, Fenchel und Benzoe zählen zu den beruhigenden und krampflösenden Ölen. Sie sind bei einem Anfall oder zur allgemeinen Stabilisierung empfehlenswert. Lavendel, Melisse und Muskatellersalbei verkörpern eine gewisse Leichtigkeit. Ihre stimmungsaufhellende Wirkung kann die Angst vor einem nächsten Anfall reduzieren. Das balsamisch-warme Benzoeharz mit seinem Vanillinanteil vermag neben der Beruhigung auch zu trösten und zu lösen, greift die Thematik (zu viel oder zu wenig) Nähe und Zuwendung auf.
Die ätherischen Öle von Kriechendem Ysop (Hyssopus off. var. decumbens), Eukalyptus radiata, Rosmarin Borneol und Ravensara aromatica zeichnen sich durch ihre Monoterpenole und Oxyde aus. Die Oxyde wirken stimulierend auf die Atemwege und die Monoterpenole gleichzeitig seelisch harmonisierend. Außerdem gibt es Hinweise darauf, dass die Kombination Monoterpenole und Oxyde das Immunsystem anregen, was sicherlich ein günstiger Nebeneffekt ist.
Das ätherische Öl oder der CO_2-Extrakt von Weihrauch umfasst ein ganzes Spektrum an Funktionen. Die Sesquiterpene wirken antiallergen und beruhigend und die Monoterpene befreiend auf die Atemwege.
Gleichzeitig intensiviert und harmonisiert Weihrauch die Atmung und wirkt stimmungsaufhellend. Die Qualität des Dufterlebnisses mit Weihrauch ist meist durch die individuelle Kirchenerfahrung geprägt, im positiven oder im negativen Sinne.
Die Zitrone kann durch ihren Monoterpen-Anteil die Atmung erfrischen. Außerdem vermittelt sie im seelischen Bereich eine kindliche Unbeschwertheit.
Welche Themen stehen bei der oder dem Asthma-Betroffenen im Vordergrund? Die Beruhigung und Krampflösung, die Nähe und Distanz, die Stimmungsaufhellung oder die Atemwegs-Anregung? Die medizinische Behandlung sollte mit einer psychologischen Beratung kombiniert werden, um die ursprüngliche po-

sitive Absicht für dieses Krankheitsbild zu entdecken und neue Wahlmöglichkeiten des Ausdrucks zu finden.
Langfristig gilt es, sich nicht nur auf die reinen, klaren, eher unsexuellen Atemwegsöle zu konzentrieren, sondern sich mit den sinnlichen Ölen anzufreunden, die die beim Asthmatiker tabuisierte „dunkle“ Sexualität integrieren helfen. Benzoe und Muskatellersalbei können hier dezent den Übergang einleiten.

Anwendungsformen Für Atemwegsthemen sind die Atemwege selbst die optimale Form der Aufnahme. Die kühlen, leichten Düfte mögen die kühle Verdunstung, die warmen Düfte können Sie in die Duftlampe geben.

Grippaler Infekt

Medizinische Definition: Sammelbezeichnung für eine meist durch Viren verursachte fieberhafte Erkrankung mit Katarr der oberen Luftwege, deren Symptome denen eines leichten Verlaufs der echten Grippe ähnlich sind. Die echte Grippe (Influenza) ist meist epidemisch und eine in größeren Zeitabschnitten (25–30 J.) auch flächendeckend auftretende Infektionskrankheit durch Viren.
Bei grippalem Infekt werden von verschiedenen AutorInnen folgende ätherische Öle empfohlen: Angelika, Wacholder, Salbei, Thymian, Eukalyptus, Lavendel, Minze, Rosmarin, Zirbelkiefer, Zitrone, Cajeput, Ingwer, Niaouli, Zimt, Tea-Tree, Lorbeer, Myrte, Nelke, Ravensara und Bergamotte.
Beim grippalen Infekt stehen zwei Themen im Vordergrund: zum einen die antivirale Wirkung und zum anderen die Stärkung der Widerstandskraft.
Die antivirale Wirkung findet sich besonders bei ätherischen Ölen von Myrtengewächsen, aber auch bei Lippenblütlern, Lorbeergewächsen und einigen Rautengewächsen.
Zu der heilkräftigen Familie der Myrtengewächse gehören folgende der oben aufgeführten ätherischen Öle: die verschiedenen Eukalyptusarten, Cajeput, Niaouli, Tea-Tree, Myrte und Gewürznelke. Die Gewürznelke verfügt gleichzeitig über eine entzündungshemmende Wirkung.
Antiviral wirkende ätherische Öle aus der Familie der Lippenblütler sind: Lavendel, Rosmarin und Muskatellersalbei. Salbei officinalis empfehle ich nur als Hydrolat zum Gurgeln, das ätherische Öl eignet sich wegen seiner neurotoxischen Nebenwirkungen nicht für private Anwendungen.
Die Vertreter aus der Familie der Lorbeergewächse sind Lorbeer, Ravensara und Zimt. Die antivirale Wirkung ist hier bei Ravensara am deutlichsten. Der Lorbeer hat einerseits eine expektorierende (auswurffördernde) und andererseits eine anregende Wirkung auf das Lymphsystem. Beides sind Themen, die beim grippalen Infekt zusätzlich hilfreich sind.

Die schleimlösende Wirkung findet sich auch bei Eukalytus globulus und Eukalyptus radiata, bei Cajeput, Niaouli und Tea-Tree.
Zitrone und Bergamotte sind Vertreter der Rautengewächse. Die Bergamotte zählt zu den antiviralen Ölen und die Zitrone regt die Produktion der weißen Blutkörperchen an.
Alle oben genannten ätherischen Öle wirken sich gleichzeitig stärkend auf das Immunsystem aus. Angelika gilt als regelrechtes Schutzöl, stofflich und feinstofflich gesehen.
Die Bedeutung von Ingwer und Zimt sehe ich hauptsächlich in der Anfangsphase der Infektion. Sie vermitteln die nötige Wärmeenergie. Gegen Ende der Krankheit, in der Stärkungsphase (Rekonvaleszenz), können Bergamotte und Rosmarin wieder frischen Schwung geben.
An neuen Ölen ist inzwischen Manuka erhältlich, ebenfalls aus der Familie der Myrtengewächse, das viele Qualitäten in sich vereinigt: entzündungshemmend, schleimlösend, antiviral, krampflösend und immunstimulierend.

Anwendungsformen Die Atemwegsöle sollten überwiegend inhaliert werden. Wenn das Öl einen kühlen Charakter (dies ist riechbar) hat, wählen Sie die Form der Kaltverdunstung, wenn es einen erwärmenden Charakter hat, können Sie es in die Duftlampe geben.
Geeignete Formen der Hautanwendung sind Bäder und lokale Einreibungen. Sie sind gleichzeitig indirekte Inhalationen.

Frauengesundheit

Cellulite (Orangenhaut)

Medizinische Definition: 1) Entzündung (meist bakteriell-eitrig) des lockeren Unterhautzellgewebes. 2) Fibrositis. 3) Dermatopanniculosis deformans: altersbedingte Veränderungen der Subkutis-Struktur, insbesondere als Veränderungen der Septes des Unterhautfettgewebes, wodurch es zum Eindringen von Fettzellen ins Korium kommt (bucklige Unregelmäßigkeiten der Hautoberfläche).
Im allgemeinen Sprachgebrauch wird unter Cellulite bzw. Cellulitis nicht die Entzündung verstanden, wie sie unter Punkt 1 beschrieben wird, sondern die mit Punkt 3 beschriebenen Veränderungen der Unterhautstruktur, die sichtbar werden.
Als hilfreiche ätherische Öle gelten Orange, Grapefruit, Zypresse, Schafgarbe, Birke, Wiesenkönigin und Rosmarin, Geranie und Rosmarin, Birke und Grapefruit, Wacholder und schwarzer Pfeffer, Fenchel und Zeder.

Die Medizin sieht Cellulite überwiegend als Fettproblem (s. o.) an. Die englische Aromatherapeutin Patricia Davis formuliert, dass es sich primär um das Eindringen von Flüssigkeit und Giftstoffen handelt. Gleichzeitig ist Cellulite auch ein hormonelles Thema, da es sich ausschließlich bei Frauen im Zusammenhang mit einer Bindegewebsschwäche zeigt. Welche ätherischen Öle zeigen nun welche Wirkungen?
Die Essenzen der Zitrusfruchtschalen von Grapefruit und Orange werden als durchblutungsfördernd für die Haut beschrieben. Grapefruitöl ist für seine harntreibende Wirkung bekannt und Orangenöl regt die Verdauung an. Damit fördern sie beide die Ausscheidung (auch von Giftstoffen).
Zypresse und Wacholder haben eine sehr stark reinigende und ebenfalls entwässernde Wirkung. Sie regen das Lymphsystem an, ebenso wie Zeder.
Bei Geranien- und Fenchelöl steht die hormonelle Wirkung im Vordergrund. Im Falle von Geranie ist es die ausgleichende Wirkung, bei Fenchel die östrogenartige Wirkung. Rosmarin oder Pfeffer werden eingesetzt, um den Blutkreislauf und das Lymphsystem zu mobilisieren. Bei Bluthochdruck ist dies natürlich nicht sinnvoll.
Die Bedeutung von Schafgarbe sehe ich bei entzündlichen Prozessen. Birke und Wiesenkönigin kann ich mir gut als unterstützende Kräutertees vorstellen. Bei Fenchel steht auch der Tee zur Verfügung.
Optimale Anwendungsformen: Massagen, Bäder, Lymphdrainagen, kombiniert mit ausreichend Bewegung und Entspannung und vitaler Ernährung

Prämenstruelles (Spannungs-)Syndrom (PMS)

Medizinische Definition: zyklisch wiederkehrende Beschwerden in den Tagen vor der Menstruation, wahrscheinlich infolge hormonaler und neurovegetativer Dysfunktion: Mastodynie (Schmerzhaftigkeit der geschwollenen weiblichen Brust), Dysmenorrhö (kolikartige Unterleibsschmerzen), Kopfschmerzen, Völlegefühl, seelische Verstimmung, evt. Ödembildung (Gewebswassersucht), Exazerbierung (neuerliche Verschlimmerung) einer Migräne, Epilepsie (Fallsucht), gastrointestinale (Magen und Dünndarm betreffende) Störungen etc.
Nach aktuellen Erhebungen leiden bis zu 30 % aller gebärfähigen Frauen unter PMS. Die Beschwerden treten ab dem Eisprung auf und verstärken sich in den Tagen direkt vor der Regelblutung. Mit Einsetzen der Menstruation verschwinden die Beschwerden. Damit liegt die Vermutung nahe, dass es sich um eine hormonale Störung handelt. Die zweite Zyklusphase, ab dem Eisprung, ist die gestagenbetonte Phase. Das wichtigste Gestagen ist das Progesteron. Die Früchte des Mönchspfeffers (Vitex agnus castus) sollen auf die Hirnanhangsdrüse wirken, die die Hormonproduktion steuert. Meist werden die getrockneten

Früchte vom Mönchspfeffer zubereitet. Inzwischen werden auch kleine Chargen an ätherischem Öl von Mönchspfeffer in der Türkei destilliert. Die Pflanze bzw. das Öl sollte über mehrere Monate jeweils in der zweiten Zyklushälfte eingesetzt werden. Da die hormonale Steuerung ein sehr sensibler Mechanismus ist, bitte nur in Absprache mit einer naturheilkundlichen Frauenärztin.
Eine weitere interessante Pflanze im Zusammenhang mit PMS ist das fette Öl, das aus dem Samen der Nachtkerze gewonnen wird. Es enthält die wertvolle Gamma-Linolensäure, eine essentielle Fettsäure, die bei manchen Menschen nicht selbst aus der Linolsäure umgewandelt werden kann. Die Aufnahme dieses kostbaren, aber durchaus erschwinglichen Öls erfolgt über die Haut oder innerlich (auch in Form von Kapseln). Ich empfehle eine kurmäßige Anwendung über mehrere Monate, damit der Körper ein Depot anlegen kann, auf das er zurückgreifen kann.
Wenn die Beschwerden bei PMS auf Wasser- und Schadstoff-Einlagerungen beruhen, können die harntreibenden und reinigenden ätherischen Öle wie Wacholder und Zypresse Hilfe leisten. Bitte auch nur in der zweiten Zyklusphase anwenden, da dies die „Abbau-Phase" ist.
Behandlungen (z. B. Lymphdrainagen) mit Geranienöl können unabhängig von der Zyklusphase durchgeführt werden, da von Geranie eine allgemein hormonell ausgleichende Wirkung ausgeht.

Anwendungsformen Überwiegend Hautanwendungen, Einreibungen speziell im unteren Rücken- und Bauchbereich, Bäder, Massagen. Dezente Dosierungen (ca. 1 %) in der richtigen Zyklusphase mit Kur-Charakter (meist 3 bis 6 Monate).
Eine ganzheitliche Behandlung von PMS integriert eine vitale Ernährungsform, ausreichend Bewegung und frische Luft, möglichst keine Genussgifte wie Alkohol, Nikotin und Zucker und reflekiert die persönliche Einstellung zum Thema Frausein.
Manche Frauen haben Cellulite und leiden gleichzeitig unter PMS. Zwischen beiden Themen gibt eine Reihe von Parallelen, daher ähneln sich auch die empfohlenen Anwendungen.

Harnwege

Das Harnsystem besteht aus den paarigen Nieren mit ihren Harnleitern, der Harnblase und der Harnröhre. Wenn die Niere nicht ausreichend arbeitet, kann dies an vielen Krankheitszeichen abgelesen werden. Alarmzeichen sind z. B. Fär-

bungen des Harns, geschwollene Füße, Fieber, Schmerzen beim Wasserlassen. Hier ist dringend eine ärztliche Behandung angesagt, um weitere Komplikationen zu verhindern.
Unser Körper besteht zu 70 % aus Wasser. Sie können Ihren Wasserhaushalt unterstützen, indem Sie ausreichend trinken (2–3 Liter am Tag), am besten gutes, lebendiges Wasser. Jede Form der Veränderung des Wassers, selbst in Form von Kohlensäure, ist eine Denaturierung und muss im Körper wieder rückgängig gemacht werden. Für die Umwandlung von z. B. Kaffee in Wasser sind viele Prozesse notwendig, die den Körper eher belasten.
Eine BLASENENTZÜNDUNG wird häufig bakteriell ausgelöst und betrifft meist Frauen. Im Vorfeld oder in Absprache parallel zu einer ärztlichen Behandlung oder auch zur Nachsorge leisten ätherische Öle eine wertvolle Hilfe. Hier eignen sich einerseits antibakterielle Öle wie Eukalyptus globulus oder radiata, Tea-Tree, Manuka, Myrte, Zitrone, Bergamotte und Lavendel. Andererseits sind ätherische Öle mit entzündungshemmenden Eigenschaften wie Kamille und Schafgarbe interessant. Manchmal bieten auch schmerzstillende Öle wie Kamille oder Gewürznelke eine gute Unterstützung.
Außerdem sind die holzigen Duftnoten von Sandelholz und Zeder sehr für ihre positiven Wirkungen auf die Harnwege bekannt. Während der Schwangerschaft sollten Sie jedoch kein Zedernöl verwenden.
Für REINIGUNGSKUREN ODER FASTENKUREN bieten sich ätherische Öle mit harntreibender (diuretischer) Wirkung an: Wiesenkönigin, Zypresse und Wacholder. Bei Schwangerschaft oder Nierenerkrankungen ist Wacholder jedoch kontraindiziert, d. h. er hat einen negativen Einfluss.
Zur psychischen Bedeutung von Blasenerkrankungen weist Rüdiger Dahlke auf den Zusammenhang zwischen Urindrang und Stress-Situationen hin. Unbeabsichtigte Harnausscheidung interpretiert er als „unteres Weinen", aber auch als Machtstrategie. Insgesamt steht für ihn die Frage dahinter, welche überlebten Themen losgelassen werden sollten.

Anwendungsformen Sitzbad, Vollbad, Waschungen, heiße Kompressen und Ganzkörpermassagen. Und reichlich Flüssigkeitszufuhr!

Haut- und Haarpflege

Unsere HAUT (CUTIS) hat einerseits Schrankenfunktion und andererseits Kontaktfunktion. Sie hält Mikroorganismen und schädigende Einflüsse wie Trockenheit, Feuchtigkeit etc. zum großen Teil von uns fern.

Unsere Haut ist ein großes Sinnesorgan, mit dem wir Temperaturen, Berührung, Zärtlichkeit und Wohlbefinden, aber auch Schmerz wahrnehmen. In der Regel verfügen wir über zwei Quadratmeter Hautfläche, die bedingt wasser- und öldurchlässig ist. Besonders ätherische Öle dringen sehr leicht in die Haut ein und gelangen so in den Blutkreislauf. Der Talg (Sebum) schützt die Haut und die Haare. Die Haut vermag es auch, Abfallstoffe aus dem Körper zu transportieren. Hierzu gehören Schweiß, Eiter etc.
Ätherische Öle vermögen die gesunde Haut vital zu erhalten und die aus dem Gleichgewicht geratene Haut wieder zu harmonisieren.
Die Hautpflege ist eine Form der Ernährung. Was Sie nicht essen würden, sollten Sie sich auch nicht auf die Haut geben, zumal diese für viele Stoffe durchlässig ist. Die besten Hautpflege-Produkte sind daher Lebensmittel: z.B. fette Öle, Honig, Obstessig, Meersalz, Quark, Gurken, Avocados. Hydrolate und ätherische Öle spielen ebenfalls eine große Rolle, zum Teil werden sie auch in der Küche eingesetzt.
Zu den verschiedenen Hauttypen wie trockene, fettige oder Misch-Haut passen jeweils spezielle Öle. Bitte treffen Sie aus diesen Aufzählungen Ihre individuelle Auswahl. Ich empfehle zunächst nur mit Einzelölen kurweise, d.h. bis zu einem Monat zu arbeiten und dann eine neue aktuelle Auswahl zu treffen. Keine Haut benötigt über Jahre hinweg den gleichen Stimulus. Genauso gilt: Eine sensible oder vielleicht bereits irritierte Haut kann sich nicht täglich auf unterschiedliche Reize einstellen.
Die HAARPFLEGE ist genau genommen eine Kopfhautpflege. Das Erscheinungsbild der Haare ist abhängig von der Durchblutung und der Talgproduktion der Kopfhaut. Die neutralste Grundlage um die Haare zu reinigen, ist das marokkanische Tonmineral Ghassoul bzw. Rhassoul. Für Kurbehandlungen eignen sich Ölpackungen. Diese sind auf der Basis eines guten fetten Öls (passend zum Kopfhaut-Typ), kombiniert mit einem ätherischen Öl (ca. 1 %).

Anwendungen

- Für die normale Haut (gut durchblutet und angenehm weich)
  ätherische Öle: z.B. Geranie, Palmarosa, Rose, Ylang-Ylang, Jasmin
  Hydrolate: z.B. Rose, Neroli
  fette Öle: z.B. Mandel, Haselnuss, Jojoba

- Für die fettige Haut (stark glänzend und meist blass)
  ätherische Öle: Grapefruit, Lavendel, Geranie, Ylang-Ylang, Zeder, Zypresse
  Hydrolate: Hamamelis, Neroli, Lavendel
  fettes Öl: Jojoba

- Für die empfindliche Haut (häufig gerötet, gereizt, irritiert)
  ätherische Öle: Kamille, blau, Benzoe, Rose, Johanniskraut, Melisse, Geranie, Lavendel
  Hydrolate: Kamille, Rose, Lavendel
  fette Öle: Mandel, Nachtkerze, Borretschsamen, Johanniskraut-Mazerat
  Vorsicht: Johanniskraut und Melisse erhöhen die Lichtempfindlichkeit!

- Für die trockene Haut (häufig rau und schuppig)
  ätherische Öle: Rose, Weihrauch, Ylang-Ylang
  Hydrolate: Rose
  fette Öle: Avocado, Mandel mit Weizenkeim, Nachtkerze, Borretschsamen

- Für die schlecht durchblutete Haut
  ätherische Öle: Orange, Zitrone, Rosmarin, in Ausnahmefällen Pfeffer (sehr dezent dosiert)
  Hydrolate: Rosmarin, Neroli
  fette Öle: Haselnuss

- Für die alternde Haut
  ätherische Öle: Lavendel, Neroli, Jasmin, Weihrauch, Myrrhe, Karottensamen, Sandelholz, Vetiver
  Hydrolate: Lavendel, Neroli, Rose
  fette Öle: Mandel mit Weizenkeim, Nachtkerze, Borretschsamen

- Für die rissige Haut
  ätherische Öle: Benzoe, Lavendel, Myrrhe, Honig
  Hydrolate: Lavendel, Rose
  fette Öle: Mandel, Jojoba, Ringelblumen-Mazerat

- Für die unreine Haut (Pickel, Mitesser)
  ätherische Öle: Bergamotte, Myrte, Lavendel, Minze
  Hydrolate: Neroli, Hamamelis, Lavendel, Minze
  fette Öle: Jojoba, Distel

Wenn Sie eine Mischhaut haben, d. h. unterschiedliche Hauttypen, können Sie je nach Region spezifische Produkte verwenden. Einen großen Einfluss auf das Hautbild hat neben den Körperpflegeprodukten die Ernährung, die Kleidung, Licht, Luft und Sonne, Bewegung und Entspannung und die allgemeine seelisch-geistige Verfassung. Die Haut gilt zu Recht als Spiegel der Seele.

Diejenigen ätherischen Öle, die eine positive Auswirkung auf unsere Haut haben, sind zugleich auch Seelenbalsam.

Haut- und Schleimhautprobleme

Bei schwierigen oder langfristigen Hautproblemen, die bereits als krankhafte Hautveränderungen (Dermatosen) angesehen werden können, sollten Sie für eine kompetente Diagnose und Therapie unbedingt eine Fachärztin/einen Facharzt konsultieren.
Bei kleinen Hautproblemen wie Blasen, Sonnenbrand, Pickel, Insektenstiche etc. können Sie sich hingegen leicht und schnell helfen.
Im Vordergrund steht natürlich die Vermeidung von Hautrisiken durch den jeweiligen Situationen angepasste Bedingungen wie bequeme Kleidung und Schuhe, Sonnenschutz, Reinigung und Pflege.

Anwendungen Kleine Tipps um Zwischenfälle des Alltags mit ätherischen Ölen und Hydrolaten zu korrigieren und sich selbst etwas Gutes zu tun:

- bei Blasen: Lavendel, Myrrhe, Benzoe
- bei Fußschweiß: Salbeihydrolat im Fußbad
- bei Insektenstichen: Lavendel, Tea-Tree, Manuka, ein Tropfen pur
- bei Pickel: Lavendel, Tea-Tree, Bergamotte, bei entzündlichen Prozessen Kamille, bei einzelnen Pickeln ein Tropfen pur, bei größeren Flächen Jojobaöl
- bei Sonnenbrand: Lavendelöl, Lavendelhydrolat, Johanniskraut-Mazerat
- bei Warzen: Tea-Tree pur

Das Stichwort ORANGENHAUT (CELLULITE) wird beim Wirkungsbereich Frauengesundheit (Seite 77) beschrieben.
Weitere Hinweise finden Sie bei den Wirkungsweisen von ätherischen Ölen. Für die Behandlung von HERPES als Viruserkrankung eignen sich beispielsweise die ätherischen Öle mit antiviraler Wirkung, für die entzündlichen Prozesse diejenigen mit einer entzündungshemmenden Wirkung, bei Fußpilz natürlich diejenigen mit antimykotischer (gegen Pilze gerichtete) Wirkung.
Für die empfindlichen SCHLEIMHÄUTE bieten sich Anwendungen mit Hydrolaten an, da diese wesentlich sanfter sind. Für Mundraum-Spülungen passen Salbei- oder Tea-Tree-Hydrolat sehr gut, für Sitzbäder meist Lavendel- oder Tea-Tree-Hydrolat, für die Augen eine Kompresse mit Rosen- oder Kamillenhydrolat.

Hauterkrankungen können als Grenzüberschreitungen angesehen werden, im optisch-materiellen Sinne als Ausdruck von seelisch-geistigen Prozessen. Viele Maßnahmen (z. B. Cortison) dienen der Unterdrückung dieser wenn auch schwierigen Selbstdarstellung. Auch eine Aromabehandlung sollte sich nicht nur in der (vorübergehenden) Beseitigung der Symptome erschöpfen. Hier setzt die Psycho-Aromatherapie an.
In Kombination mit einer Psychotherapie können ätherische Öle die zu Grunde liegenden Themen sehr lebendig ins Bewusstsein heben und „erlösen".

Herz, Kreislauf und Blutdruck

Das Herz ist das Gefühlszentrum des Körpers, das Gehirn das Verstandeszentrum. Der geschlossene Blutkreislauf umfasst die Schlagadern (Arterien), Venen, Kapillaren und das Herz als Doppelpumpe. Unser Herz schlägt von der vierten Woche unseres Embryo-Daseins an bis zu unserem Tod durchschnittlich jede Sekunde. Bei einem Blutvolumen von sechs Litern bei Erwachsenen sind dies enorme Mengen, die bewegt werden. Welch ungeheure Leistung!
Rauchen, Alkohol, fettreiche Ernährung und Übergewicht belasten die Arbeit des Herzens. Bewegung im Freien, dezenter Alkoholgenuss, eine eher fettarme Ernährung und ein Normalgewicht entlasten es.
HERZKRANKHEITEN gehören nicht zum Bereich der Selbstmedikation. Mit ätherischen Ölen lässt sich der Kreislauf beeinflussen, insbesondere der Blutdruck, mit dem das Herz das Blut in die Arterien pumpt. Im Blutdruck spiegelt sich die Dynamik des Menschen wider. Je nachdem wie ein Mensch im Leben steht, so gestaltet sich auch sein Blutdruck. Der erhöhte Blutdruck kann als Überaktivität gedeutet werden, während der zu niedrige Blutdruck eine Form von Ohnmacht ist, im Sinne von die eigene Verantwortung abgeben.
Bei ständig ERHÖHTEM BLUTDRUCK (HYPERTONIE) haben sich zur Regulation Bäder und Massagen mit beruhigenden ätherischen Ölen wie Ylang-Ylang, Lavendel, Rose, Bergamotte oder auch Majoran bewährt. Hinzu kommen muss in jedem Fall eine Veränderung des Lebensstils, in dem Muße, Gelassenheit, Entspannung und gesunde Ernährung mit Bewegung ihren Platz finden.
Bei zu NIEDRIGEM BLUTDRUCK (HYPOTONIE) vermitteln Rosmarin, Pfefferminze und auch mal Pfeffer anregende Impulse. Eine vitale Ernährungsform, viel Bewegung an der frischen Luft, Wechselduschen und eine aktive, energische Lebenseinstellung runden das Aktivierungsprogramm ab.
Bei KRAMPFADERN funktioniert die Rückleitung des venösen Blutes zum Herzen nicht ausreichend. Zypressenöl kann dies mobilisieren. Bereiten Sie sich da-

zu ein Körperöl zu, das Sie im Zwischenbereich von Krampfadern und Herz auftragen. Legen Sie die Beine regelmäßig hoch. Wacholder und Rosmarin sind mögliche Alternativen an ätherische Ölen. Vorsicht: Wacholder nicht bei Nierenerkrankungen oder nicht während der Schwangerschaft einsetzen.

Immunsystem

Das Immunsystem ist ein sehr komplexes Geschehen, an dem sehr viele andere Systeme wie das Blut, das Lymphsystem, die Thymusdrüse, die Milz, der Darm etc. beteiligt sind. Infektionen können sich enwickeln, wenn die Immunreaktion des Wirts nicht ausreichend funktioniert und sich Mikroorganismen wie Bakterien, Viren und Pilze überdimensional verbreiten können. Ätherische Öle vermögen es, sowohl die Mikroorganismen zu dezimieren, als auch den anfälligen Wirt mit seinen Organen und Systemen zu stabilisieren.
Hierzu gehören Eukalyptus, Tea-Tree, Manuka, Ravensara und Lavendel. Eine gezielte Aktivität entfalten ätherische Öle, die antibakteriell, antiviral, antimykotisch (gegen Pilze), auswurffördernd oder entzündungshemmend wirken.
Weitere Möglichkeiten Ihr Abwehr-System zu unterstützen, haben Sie mit einer vitalen Ernährung, viel Licht, Luft, Sonne und Bewegung. Die eigene Vorstellungskraft, dass Sie nicht für alles anfällig sind, sondern sich ihre „Gäste" selbst aussuchen, mit manchen in friedlicher Koexistenz leben und andere wiederum abweisen, ist ein weiterer entscheidender Faktor. Spezielle Imaginationsreisen können hier anregen.

Schwangerschaft und Babys

Während der Schwangerschaft und für Babys ist eine ganz gezielte Auswahl von ätherischen Ölen und ihre sehr zarte Dosierung (meist 0,5 %) von großer Bedeutung. Manche Inhaltsstoffe von ätherischen Ölen vermögen die Placenta zu durchdringen. Der Embryo, Fötus und das Baby reagieren sehr fein und schnell auf Duftimpulse. Und die Mütter profitieren vom Einsatz ätherischer Öle.
Bitte vermeiden Sie alle ätherischen Öle, die als toxisch oder problematisch gelten und außerdem jene, die Ihnen unsympathisch sind. Zu den toxischen zählen Kampfer, Ysop, Salbei, manche Chargen von Lavendelsalbei, Muskatnuss, Raute, Sassafras, Beifuß, Poleiminze. Problematisch kann auch die Pfefferminze, Wacholder und Zeder sein. Sehr stark duftende ätherische Öle (phenolbetonte) wie Gewürznelke, Thymian, Bohnenkraut sind im Privatbereich zu riskant.

Schwangerschaft

Zu Beginn der Schwangerschaft stehen durch die starke Hormonumstellung meist Beschwerden wie ÜBELKEIT UND ERBRECHEN im Vordergrund.
Hier haben sich alle Zitrusöle bewährt: Zitrone, Grapefruit, Pampelmuse, Mandarine und Neroli. Ihre Nase kann entscheiden, ob sie es lieber süßer oder frischer mag.
Als Tee empfiehlt sich Ingwer. Verwenden Sie hierzu Ingwerpulver, nicht das konzentrierte ätherische Öl.
Sehr gut passen ätherische Öle wie Kamille, Rose und Lavendel für schwangere Frauen und Babys.
Zur Vorbeugung gegen SCHWANGERSCHAFTSSTREIFEN haben sich Neroli- und Mandarinen-Öl (1 %) als sehr wirksam erwiesen. Als Trägeröl können Sie Mandelöl verwenden. Wenn Sie gleichzeitig zur Vorbereitung fürs Stillen ein Depot von der lebenswichtigen Gamma-Linolensäure anlegen möchten, empfehle ich, die kostbaren Öle Nachtkerzenöl oder Wildrosenöl. Die vorbeugende (leichte) Massage sollte ab dem 4. Schwangerschaftsmonat beginnen.
Bei WASSERANSAMMLUNGEN IN DEN BEINEN hilft Obstessig mit Lavendel und etwas Zypresse sehr gut.

Geburt

Während der Geburt empfiehlt Patricia Davis die beiden Öle Jasmin und Lavendel auf Mandelöl bereitzuhalten. Je nach aktuellem Duftbedürfnis kann dann mit dem eher blumig-üppigen oder mit dem krautig-klaren Öl der untere Rückenbereich vom Partner oder der Freundin massiert werden.
Auch Rosenöl ist ein schöner Willkommensgruß für das Neugeborene.

Wochenbett

Die Zeit nach der Geburt ist eine Zeit der Neuorientierung, sowohl sozial gesehen als auch hormonell. Vieles muss sich neu einspielen. Die damit zusammenhängenden Gefühlsschwankungen werden meist als WOCHENBETT-DEPRESSION bezeichnet. Hier helfen neben sehr viel Verständnis und Unterstützung des Partners euphorisierende Düfte wie Neroli, Bergamotte, Muskatellersalbei, Jasmin.

Babys

Für die Babymassage ist Rose ebenfalls ein sehr schöner Duft. Mit Kamillen-, Lavendel- und Mandarinenöl sind Sie bei vielen Unpässlichkeiten wie Schlafstörungen, Bauchschmerzen und Zahnen gut ausgestattet. Ein Tröpfchen auf 10 ml Mandelöl genügen vollauf.

Stimmungen und Stimmungsschwankungen

Die Anwendung von ätherischen Ölen bei seelischen, nervlichen und hormonalen Themen ist ein Hauptthema innerhalb der Aromatherapie. Die Psycho-Aromatherapie setzt ganz gezielt verschiedene ätherische Öle zur Bearbeitung von seelisch-geistigen Themen ein. Sie können Ihr eigenes Wohlgefühl durch den Einsatz ätherischer Öle unterstützen und zum Teil wiederherstellen. Düfte sind ein sympathischer Impuls für unsere vielleicht gerade getrübte Lebensfreude! Ätherische Öle werden häufig als „die Seele der Pflanze" bezeichnet. Sicherlich sind sie auch der „Geist in der Flasche", der die Wahrnehmung unseres Geistes erweitern und so Einstellungsänderungen erleichtern kann. Je mehr Wahlmöglichkeiten wir wahrnehmen, desto freier und unkomplizierter können wir uns verhalten.

Düfte repräsentieren archetypische Menschheitsthemen. Es gibt Duftnoten mit einer gewissen Vehemenz, die als „mutig" beschrieben werden können und solche, die sich eher dezent darstellen, die „scheu" wirken, sozusagen extrovertierte und introvertierte Duftimpulse. Düfte verwirklichen unterschiedliche Temperamente, dynamische und gemächliche, hitzige und kühle.... und nicht zuletzt eher yangige bzw. yinige Qualitäten.

Wenn ein Mensch „rund" ist, Kopf und Herz miteinander in einem harmonischen Gleichgewicht sind, erlaubt sie oder er (recht unabhängig vom Geschlecht) sich alle Dimensionen menschlichen Empfindens und Ausdrucks. Damit sind alle ätherischen Öle sozusagen „psychisch wertvolle Öle", da jedes von ihnen eine andere Seite unserer Seele widerspiegelt. Manche Seiten davon sind uns sehr bekannt und vielleicht auch sympathisch, andere Seiten liegen völlig brach oder werden bewusst oder unbewusst vermieden.

Letzteres nennt die Psychologie den Schatten. Beschäftigen Sie sich zunächst nur mit Düften, die Ihnen sympathisch sind. Welche Dimension spricht mich hier an? Ist dies eher eine gelebte oder eine ungelebte Seite von mir? Diese Frage ist eine sehr zentrale! Sie können ätherische Öle nach dem Prinzip des Gleichklangs (ich nenne es gerne Mitschwingen) oder nach dem Prinzip der Polarität (Gegenschwingen) auswählen. Einmal ist es wie eine Unterstreichung unseres Charakters, zum anderen wie ein Hereinholen von Fehlendem. Die herkömmliche Phytotherapie und auch die „traditionelle" Aromatherapie arbeitet meist mit der Substitution. Die Homöopathie hat den Grundsatz „Gleiches mit Gleichem".

Im seelisch-geistigen Bereich heißt Substitution: wenn jemand traurig ist, ein euphorisierender Duft, wenn jemand müde ist, ein mobilisierendes Öl.
Bitte entscheiden Sie selbst, ob es für Sie in der jeweiligen Situation richtig ist, der Traurigkeit mit Stimmungsaufhellung zu begegnen oder ob Sie sich diese sehr wichtige Phase der Trauer gestatten können und sie mit melancholischen Duftnoten intensivieren und bearbeiten möchten.
Die kurzfristigen Erfolge sind meist durch Substitution zu erreichen, die langfristigen Lösungen (im wirklichen Sinne) durch die Integration des Schattens, sprich sich und sein Thema liebenlernen. Keine leichte Aufgabe, bei der die meisten von uns Unterstützung brauchen.

Anwendungen Biochemisch gesehen gelten besonders jene ätherischen Öle als „Balsam für die Seele", die hohe Anteile an Monoterpenolen, Aldehyden, Sesquiterpenen, Sesquiterpenolen, Estern oder Äthern aufweisen können.
Zu den monoterpenolbetonten Ölen zählen: Rose, Geranie, Palmarosa, Lavendel, Majoran, Neroli. Von den Monoterpenolen geht eine nervenstärkende Wirkung auf eine sehr einfühlsame Art und Weise aus. Sie unterstützen liebevoll die seelische Widerstandskraft.
Aldehydbetonte Öle wie Zitronenstrauch (Verbena), Melisse und Litsea wirken sehr beruhigend auf das Nervensystem. Die Zimtrinde mit ihrem aromatischen Aldehyd ist anregend und aphrodisisch.
Den Schwerpunkt auf den Sesquiterpenen weisen z.B. Ylang-Ylang, Johanniskraut und Manuka auf. Sie wirken sehr ausgleichend bei Gefühlsschwankungen.
Sesquiterpenole zeigen die ätherischen Öle von Sandelholz, Vetiver und Patchouli auf. Sie strahlen sehr viel Stabilität und Ruhe aus.
Reich an Estern sind die ätherischen Öle von Lavendel, Bergamotte, Muskatellersalbei, Petitgrain. Die Ester haben eine sehr ausgleichende, harmonisierende Wirkung.
Eine Ätherbetonung liegt bei den ätherischen Ölen von Basilikum, Estragon und Fenchel vor. Sie verfügen über sehr stark krampflösende Qualitäten.
All diese Öle haben entweder eine harmonisierende Wirkung oder eine seelisch-beruhigende. Manchmal braucht es allerdings auch eine ganz gehörige Portion von geistiger Klarheit, um Probleme und Situtionen zu analysieren, um nicht im „Gefühlskuddelmuddel" zu verhaften. Dann sind klare, mentale Düfte wie Rosmarin, Lorbeer oder Ravensara angesagt.
Für die seelischen „Tiefgänge" erlebe ich die tiefen Basisnoten wie Patchouli, Vetiver, Zeder etc. für sehr hilfreich. Sie repräsentieren das Unbewusste in uns. Als sanfter Übergang können die leichteren Basisnoten wie Sandelholz, Benzoe, Vanille oder Myrrhe dienen.

Die häufigsten Düfte, die bei Stimmungstief eingesetzt werden, sind sicherlich die klassischen Stimmungsaufheller wie Bergamotte, Nercli und Muskatellersalbei. Neroli eignet sich auch zur Stabilisierung bei Schockzuständen. Darüber hinaus gibt es noch viele weitere psychisch wirksame ätherische Öle wie zum Beispiel Angelika, Weihrauch, Iris. Sie zählen zu den Schutzölen.
Eine Ich-Stärkung geht besonders von den Baumdüften aus. Der Baum repräsentiert die Prinzipien Vertikalität und stabilen Halt, kombiniert mit hohem Gasaustausch. Bei den holzigen Baumdüften wie Zedern- und Sandelholz liegt die psychische Wirkung vor allem in der Vermittlung von Wärme. Bei den ätherischen Ölen, die aus den Nadeln gewonnen werden, wie beispielsweise Kiefern-, Douglasien- oder Lärchenöl, liegt die Betonung auf der freien Atmung, dem Aufatmen und Loslassen von Belastendem.
Den psychischen Wirkungen der ätherischen Öle wird zunehmend mehr Beachtung geschenkt. Hier liegt ein interessantes Forschungsgebiet der nächsten Jahre.

Nachwort

Der fachgerechte Umgang mit ätherischen Ölen ermöglicht viele sympathische Chancen. Aber wie bei jeder Methode gibt es auch hier Grenzen. Diese Einschränkungen können einerseits bei den ätherischen Ölen selbst liegen. Ätherische Öle haben eine hohe Spezifität bei Infektionskrankheiten und bei psychischen Themen. Aber es gibt natürlich auch Beschwerden, bei denen andere Methoden wie z. B. eine Akupunkturbehandlung vielleicht besser greifen würden.

Eine weitere Einschränkung kann in der Person der Anwenderin oder des Anwenders liegen. Viele Menschen empfinden es als große Wohltat, sich mit ätherischen Ölen zu verwöhnen, zu pflegen und zu kurieren. Wer sich nicht so sehr oder nur zeitweise hingezogen fühlt, kann auf Alternativen ausweichen.

Eine weitere natürliche Grenze besteht in der Selbstbehandlung. Sie hat ihre enormen Chancen in der Selbstbestimmtheit, aber manchmal lässt mangelndes Wissen um die tieferen Zusammenhänge die Wahl eines Therapeuten sinnvoller erscheinen.

Entscheidend ist, dass Sie gut für sich und Ihre Gesundheit sorgen. Ätherische Öle können Sie dabei phantastisch unterstützen!

Ich wünsche Ihnen alles Gute!

Anhang

Literatur

Inge Andres, *Die ganzheitliche Duftberatung – Ätherische Öle: Qualität, Energie und Anwendung,* FALKEN Verlag, Niedernhausen 1995

Inge Andres, *Aroma-Schlüssel,* Context-Verlag, Bielefeld 1995

Ruth von Braunschweig, *Teebaum-Öle: Heilkraft für Körper und Seele,* Gräfe und Unzer Verlag, München 1996

Christoph Brühwiler, *Die kleine Duft-Fibel,* Eigenverlag, Schweiz 1994

Rüdiger Dahlke, *Krankheit als Sprache der Seele: Be-Deutung und Chance der Krankheitsbilder,* Bertelsmann Verlag GmbH, München 1992

Patricia Davis, *Aromatherapie von A–Z,* Droemersche Verlagsanstalt Th. Knaur Nachf., München 1990

Patricia Davis, *Aromatherapie und Chakren: Der Einfluss von Aromaölen auf unseren feinstofflichen Körper,* Droemersche Verlagsanstalt Th. Knaur Nachf., München 1993

Encke/Buchheim/Zander/Seybold, *Handwörterbuch der Pflanzennamen,* Verlag Eugen Ulmer, Stuttgart 1984

Susanne Fischer-Rizzi, *Himmlische Düfte: Aromatherapie.* Heinrich Hugendubel Verlag, München 1989

P. Franchomme/D. Pénoël, *l'aromathérapie exactement: Encyclopédie de l'utilisation thérapeutique des huiles essentielles,* Roger Jollois Editeur, Limoges/Frankreich 1990

E.Gildemeister/Fr. Hoffmann, *Die ätherischen Öle,* alle Bände, Akademie-Verlag, Berlin ab 1956

Dietrich Gümbel, *Ganzheitliche Hauttherapie mit Heilkräuter-Essenzen,* Karl F. Haug Verlag GmbH & Co., Heidelberg 1984

Martin Henglein, *Die heilende Kraft der Wohlgerüche und Essenzen,* Schönberger GmbH + Co. Verlags KG, München 1985

H&R Lexikon, Band 4, *Duftbausteine,* H & R Edition, Verlagsgesellschaft R. Glöss & Co., Hamburg 1984

Maria Kettenring, *Aromaküche: Gesund und phantasievoll kochen mit ätherischen Ölen,* Joy Verlag GmbH, Sulzberg 1994

Lexikon der Medizin, Seehamer Verlag

Philippe Mailhebiau, *La Nouvelle Aromathérapie: Caractérologie des essences et tempéraments humains,* Editions Jakin, Lausanne/Schweiz 1994

Nussbaumer/Vogel, *Duft und Körper: Massagen mit ätherischen Ölen,* Midena Verlag, Kütttingen/Schweiz 1994

Günther Ohloff, *Irdische Düfte – himmlische Lust: Eine Kulturgeschichte der Duftstoffe,* Birkhäuser Verlag, Basel/Schweiz 1992

Wilhelm Pelikan, *Heilpflanzenkunde I, II und III: Der Mensch und die Heilpflanzen,* Philosophisch-Anthroposophischer Verlag Goetheanum, Dornach/Schweiz 1962

Kurt Schnaubelt, *Neue Aromatherapie: Gesundheit und Wohlbefinden durch ätherische Öle,* vgs-Verlagsgesellschaft, Köln 1995

Ingeborg Stadelmann, *Die Hebammen-Sprechstunde,* Eigenverlag, Ermengerst 1994

Tisserand/Balacs, *Essential Oil Safety: A Guide for Health Care Professionals,* Rearson Professional Limited 1995

Jean Valnet, *Aromatherapie, Gesundheit und Wohlbefinden durch pflanzliche Essenzen,* Wilhelm Heyne Verlag, München 1986, Nymphenburger Verlagsbuchhandlung, München 1986

Monika Werner, *Ätherische Öle: Duftende Heilpflanzen-Essenzen zum Helfen und Heilen, Pflegen und Wohlfühlen, zum Würzen und Aromatisieren,* Gräfe und Unzer, München 1993

Adressen

Bezugsquellen für hochwertige Produkte

La Balance
Andres & Co. GmbH
D-88299 Leutkirch

La Balance-Vertrieb Italien
Bio Paradies oHG
I-39057 Eppen/Appiano

La Balance-Vertrieb Schweiz
Eichberg AG
CH-5707 Seengen

Amyris
Rose Eggert
Vaihingerstr. 36
D-74343 Sachsenheim

Farfalla
Seefeldstr. 18
CH-8008 Zürich

Kosmetik-Küche
Margot Keppler
Schloßstr. 21
D-72160 Horb
(Versand an Privatkunden)

Martina Gebhardt GmbH
St. Wendelin-Str. 3
D-86935 Rott
(Naturkosmetik)

Primavera Life GmbH
D-87477 Sulzberg

Terra Arte
Jagati Graf
Hildeboldstr. 1
D-80797 München
(Duftlampen)

Seminare

Institut La Balance
Andres & Co. GmbH
D-88299 Leutkirch
(Ganzheitliche Duftberatung®, Aromatologie, Psycho-Aromatherapie)

Arven
Susanne Fischer-Rizzi
D-87477 Sulzberg

Atelier Aroma
Eliane Zimmermann
Marschnerstr. 80
D-81245 München

Vereine

Forum Essenzia e. V.
Mäuselweg 29
D-81375 München

Veroma
Vereinigung für Aromatologie und Aromatherapie
Sekretariat: Heinz Hänni
Eugen-Wylerstr. 5
CH-8302 Kloten

Übersichtstabelle

Wirkungsweisen von ätherischen Ölen

	Angelika	Benzoe	Bergamotte	Cajeput	Citronelle	Eukalyptus glob	Eukalyptus citr.	Eukalyptus radi.	Fenchel, süß	Geranie, Zitr.	Geranie, Rosen-	Gewürznelke (Blüte)	Gewürznelke (Blatt)	Grapefuit	Jasmin	Kamille, blau	Kamille, römisch	Kiefer
anregend	X											X	X					
antibakteriell	X		X	X		X						X	X	X				X
antimykotisch																		
antiviral			X			X	X	X		X	X	X	X					
aphrodisierend															X			
auswurffördernd				X		X		X										
beruhigend	X	X	X		X		X					X						
desodorierend			X		X													
diuretisch									X	X	X					X	X	
entzündungshemmend					X		X									X		
euphorisierend		X	X							X	X			X	X			
expektorierend				X		X		X										
gedächtnisstärkend																		
gegen Bakterien	X		X	X		X						X	X	X				X
gegen Pilze																		
gegen Viren			X			X	X	X		X	X	X	X					
harmonisierend											X							
harntreibend									X	X	X					X	X	
hautpflegend		X								X	X				X	X		
hautreinigend			X															
hormonregulierend									X	X	X							X
Immunsystem stärkend				X		X	X	X										
Insekten abwehrend					X		X			X	X							
intuitionsstärkend															X			
krampflösend			X						X								X	
meditativ															X			
schmerzstillend																X		
sedierend	X	X	X		X		X						X				X	
stimmungsaufhellend		X	X							X	X			X	X			
tonisierend	X											X	X					
Ungeziefer abwehrend					X		X			X	X							
verdauungsanregend	X								X									
wundheilend		X										X				X		

Diese Tabellen dienen der ersten Orientierung und umfassen die wichtigsten ätherischen Öle. Bitte wählen Sie aus dieser theoretischen Auswahl ein individuell passendes Öl aus: das für Sie richtige! Bitte überprüfen Sie, ob die anderen Wirkungsweisen des Öls auch zu Ihnen passen.

	Krauseminze	Lavandin	Lavendel fein/wild	Lavendel, Speik-	Lemongrass	Litsea	Lorbeer	Majoran	Mandarine	Manuka	Melisse	Muskatellersalbei	Myrrhe	Niaouli	Orange, süß	Palmarosa	Patchouli	Pfeffer, grün
anregend																		X
antibakteriell		X	X	X						X				X				
antimykotisch		X	X							X			X					
antiviral		X	X	X			X			X				X				
aphrodisierend												X					X	X
auswurffördernd				X			X							X				
beruhigend		X	X		X	X		X	X		X	X			X			
desodorierend	X	X			X	X												
diuretisch																		
entzündungshemmend					X	X					X						X	
euphorisierend						X			X		X	X			X		X	
expektorierend				X			X							X				
gedächtnisstärkend	X																	
gegen Bakterien		X	X	X						X				X				
gegen Pilze		X	X							X			X					
gegen Viren		X	X	X			X			X				X				
harmonisierend		X	X													X		
harntreibend																		
hautpflegend		X	X						X		X		X		X	X	X	
hautreinigend	X	X	X															
hormonregulierend								X				X		X				
Immunsystem stärkend		X	X	X						X								
Insekten abwehrend		X															X	
intuitionsstärkend													X				X	
krampflösend		X	X									X						
meditativ													X				X	
schmerzstillend	X						X											X
sedierend		X	X		X	X		X	X		X	X			X			
stimmungsaufhellend						X			X		X	X			X		X	
tonisierend																		X
Ungeziefer abwehrend		X															X	
verdauungsanregend	X							X	X						X			X
wundheilend		X	X										X					

	Pfeffer, schwarz	Ravensara	Rose	Rosmarin	Sandelholz	Tea-Tree	Vanille	Vetiver	Wacholder	Ylang-Ylang	Zedernholz	Zimtblatt	Zimtrinde	Zitrone	
anregend	X	X		X				X				X	X	X	
antibakteriell		X				X			X		X	X	X	X	
antimykotisch						X							X		
antiviral		X		X		X							X		
aphrodisierend	X		X		X					X	X		X		
auswurffördernd		X													
beruhigend		X					X	X		X					
desodorierend				X		X								X	
diuretisch					X				X		X				
entzündungshemmend															
euphorisierend			X		X		X			X			X		
expektorierend		X													
gedächtnisstärkend				X										X	
gegen Bakterien		X				X			X		X	X		X	
gegen Pilze		X				X									
gegen Viren		X		X		X									
harmonisierend				X			X	X							
harntreibend					X				X		X				
hautpflegend			X		X			X		X	X				
hautreinigend						X					X				
hormonregulierend															
Immunsystem stärkend		X				X							X		
Insekten abwehrend						X					X				
intuitionsstärkend			X		X				X		X				
krampflösend										X					
meditativ			X		X				X		X				
schmerzstillend	X														
sedierend		X					X	X		X					
stimmungsaufhellend			X				X			X			X		
tonisierend	X	X		X				X				X	X	X	
Ungeziefer abwehrend						X					X				
verdauungsanregend	X			X									X		
wundheilend						X									